Friedrich Weissensteiner

Habsburgerinnen auf fremden Thronen

Ueberreuter

Die Deutsche Bibliothek – CIP-Einheitsaufnahme
Weissensteiner, Friedrich:
Habsburgerinnen auf fremden Thronen / Friedrich Weissensteiner. - Wien :
Ueberreuter, 2000
ISBN 3-8000-3761-0

AU 0490/1

Coverabbildungen: Oben: Margareta von Parma, Marie Antoinette,
Marie Louise (Kunsthistorisches Museum, Wien),
unten: Maria Leopoldine (Bayerische Verwaltung der staatlichen Schlösser,
Gärten und Seen, München), Leopoldine (Bildarchiv der Österreichischen
Nationalbibliothek, Wien)

Printed in Austria
1 3 5 7 6 4 2

Ueberreuter im Internet: www.ueberreuter.de

INHALT

Vorwort

An der Heiratsbörse der europäischen Fürstenhöfe waren die habsburgischen Erzherzoginnen durch die Jahrhunderte eine von ihren Eltern mit diplomatischem Geschick angebotene, nach allen Regeln der Staatskunst vermarktete Handelsware. Man bediente sich ihrer, um Kontakte zu anderen Dynastien anzubahnen oder fester zu knüpfen, Ansprüche auf den Erwerb fremder Territorien und Länder zu untermauern und blutsmäßig zu legalisieren. Habsburgerinnen wurden in die Toskana vermählt, in das Königreich Neapel-Sizilien, nach Bayern und Sachsen, Siebenbürgen, Polen, Schweden, Frankreich und Brasilien.

Auf die Wünsche der in alle Welt verschacherten jungen Damen nahm man keine Rücksicht, ihr persönliches Glück stand nicht zur Debatte. Es zählte nicht. Widerspruch gab es kaum. Die Erzherzoginnen fügten sich in ihr Schicksal.

Nicht alle, aber viele von ihnen führten an der Seite der ihnen angetrauten Ehemänner, denen sie an Begabung, diplomatischem Geschick und seelischer Stärke oft zumindest ebenbürtig, wenn nicht überlegen waren, ein bedauernswertes, glücklos-unglückliches Leben. Ich habe aus der Fülle der einschlägigen Fälle fünf Habsburgerinnen herausgegriffen, die allesamt auf dem Altar der Politik geopfert wurden. Jede für sich ist aber allein und eigenständig ihren persönlichen Weg gegangen und hat ein eigenes, zumeist tragisches Schicksal erlitten.

Die im Geschichtsbewusstsein vieler Menschen wohl am wenigsten verankerte Persönlichkeit, deren turbulentes, fremdbestimmtes Leben ich schildere, war Margareta von Parma. Die voreheliche Toch-

ter Kaiser Karls V. diente dem Monarchen, in dessen Reich die Sonne nicht unterging, als Schachbrettfigur seiner weltumspannenden Politik.
Margareta wurde vierzehnjährig mit einem Wüstling namens Alessandro de'Medici, dem illegitimen Sohn Papst Clemens' VII., verheiratet. Nach dessen Ermordung musste sie zwei Jahre später eine zweite Ehe schließen, diesmal mit dem Enkel eines Papstes, einem unscheinbaren, hässlichen Jüngling, der auf den Namen Ottavio Farnese hörte und den sie nicht liebte. Ihr beklagenswertes Schicksal erfuhr eine Wende, als König Philipp II. von Spanien seine kluge, energische Stiefschwester zur Statthalterin der Niederlande ernannte. In dieser verantwortungsvollen, heiklen Position hat sie Mut, Tatkraft, Weitblick und ein hohes Maß an politischer Begabung bewiesen und Geschichte geschrieben.
Marie Antoinette, die extravagante Tochter Maria Theresias, und Marie Louise, die Gemahlin Napoleons I., sind die wohl bekanntesten glücklosen Herrscherinnen aus dem Hause Habsburg. Sie haben in Frankreich, jede auf ihre Art, eine eher klägliche Figur gemacht. Aber während Marie Antoinette als Persönlichkeit reifte und bei ihrer Hinrichtung Haltung und Würde bewies, führte Marie Louise später in Parma ein ausschweifendes Leben als Nymphomanin, das ihren guten Ruf als Herzogin dieses italienischen Kleinstaates verdunkelte. Ich habe versucht, diese Aspekte ihrer Biografie herauszustreichen.
Leopoldine, eine jüngere Schwester Marie Louises, hatte von den in diesem Buch dargestellten Frauen das härteste Schicksal zu ertragen. Von ihrem rücksichtlosen, sexwütigen Gatten als Frau und Herrscherin zutiefst erniedrigt und gedemütigt, nahm sie im festen Glauben an die göttliche Vorsehung ihr Ehemartyrium demütig auf sich. Ihr aus heutiger Sicht großes, (welt)historisches Verdienst war es, sich mit ganzer Kraft für die Lostrennung Brasiliens vom portugiesischen Mutterland eingesetzt und als rechtmäßige Kaiserin dem Riesenreich den Weg in die Zukunft gewiesen zu haben.
Maria Leopoldine, die letzte Kurfürstin von Bayern, war nur kurze Zeit Herrscherin. Die willensstarke Habsburgerin rettete jedoch in

einem entscheidenden historischen Augenblick den Wittelsbachern den Thron.

Maria Leopoldine war eine äußerst selbstbewusste, von einer unbändigen Lebenslust beseelte Frau. Zum Unterschied von ihren anderen habsburgischen Geschlechtsgenossinnen weist ihre Biografie bereits deutliche emanzipatorische Züge auf. Sie setzte sich kühn über gesellschaftliche Vorurteile hinweg, verrichtete auf ihren landwirtschaftlichen Gütern Feldarbeit und häufte im Laufe ihres Lebens mit untrüglichem Geschäftssinn ein riesiges Vermögen an. Sie besaß und verwaltete Immobilien und Industrieanlagen, machte Börsen- und Aktiengeschäfte und entfaltete bis an ihr Lebensende eine rastlose Aktivität.

Maria Leopoldine war wohl eine der eigenständigsten, farbigsten Persönlichkeiten aus dem Geschlecht der Habsburger, die je auf einem fremden Thron gesessen sind.

Das Buch versteht sich alles in allem als ein (weiterer) Beitrag zur Aufarbeitung der von der Geschichtsschreibung lange Zeit vernachlässigten habsburgischen Frauengeschichte.

Margareta Statthalterin der Niederlande und Herzogin von Parma

Eine voreheliche Kaisertochter als Schachbrettfigur der Weltpolitik

Geboren Ende Juli 1522 in Oudenaarde
Gestorben am 18. Januar 1586 in Ortona (Italien)
Verheiratet mit
Alessandro De' Medici, Herzog von Florenz
Ottavio Farnese, Herzog von Parma und Piacenza

Der römisch-deutsche Kaiser Karl V. war einundzwanzig Jahre alt, als er am 26. Oktober 1521 mit zahlreichem Gefolge in der kleinen ostflandrischen Stadt Oudenaarde, die heute zu Belgien gehört, Quartier bezog. Er war in dem zur Neige gehenden Jahr viel gereist und hatte vieles hinter sich gebracht. Das wichtigste Ereignis, das in die Weltgeschichte einging, war die Begegnung des schmächtigen, mittelgroßen, kontaktscheuen Herrschers mit dem selbstbewussten, vierschrötigen Augustinermönch Martin Luther, der mit seiner Lehrmeinung das katholische Glaubensgebäude ins Wanken brachte.

Vor dem Reichstag zu Worms, dem der des Deutschen unkundige Kaiser präsidierte, sollte Luther Abbitte leisten, seiner Lehre abschwören. Er wies dieses Ansinnen bekanntlich entschieden zurück. Die Auseinandersetzung mit der lutherischen Lehre und ihren Anhängern sollte sich wie ein roter Faden durch die gesamte Regierungszeit Karls V. ziehen und seine Kräfte schließlich erschöpfen.

Im Herbst des Jahres 1521 wurde der Kaiser noch von einem anderen Gegner herausgefordert: vom französischen König Franz I., der ihm 1519 im Ringen um die Kaiserwürde unterlegen war. Frankreich, besser gesagt, die französische Monarchie, das Haus Valois, kämpfte gegen die europäische Vormachtstellung des Hauses Habsburg an, machte den Versuch, sie zu brechen. Vier Kriege musste der Kaiser führen, um diese Position zu behaupten.

Da der Winter bevorstand, der Regen in Strömen vom Himmel fiel und unter den Söldnern die Ruhr grassierte, wurden die Kampfhandlungen eingestellt.

Der junge Monarch hielt sich nicht ganz zwei Monate im Schloss von Burgund in Oudenaarde auf. Heute existiert dieses Schloss nicht mehr.

Am 12. Dezember 1521 zog Karl weiter. Der Gastgeber des Kaisers, Charles de Lalaing, gab sich alle Mühe, den Herrscher in der trüben Jahreszeit bei guter Laune zu halten. Er veranstaltete ausgelassene Feste und üppige Gastmähler, bei denen Karl seinem Appetit keine Zügel anlegte – sein Leibarzt musste ihn immer wieder von Essexzessen abhalten –, und Bälle. Bei einer dieser Tanzveranstaltungen stach dem Kaiser ein Mädchen ins Auge, das als Magd zum Dienstpersonal von Madame Lalaing gehörte. Sie hieß Jeanne van der Gheynst und war die Tochter kleiner Leute aus einem benachbarten Dorf. Ein einfaches, natürliches Landmädchen also, keine Dame von Welt. Dem Kaiser, wie gesagt, gefiel sie. Er machte sie zu seiner Geliebten. Es war eine Bettgeschichte, eine flüchtige, vom Augenblick diktierte Liebesbeziehung.

Neun Monate später – das genaue Datum ist nicht bekannt, es muss aber um Ende Juli 1522 gewesen sein – brachte Jeanne im Kreis ihrer Familie, wohin sie zurückgekehrt war, ein Kind zur Welt. Es war ein Mädchen.

Wie die Niederkunft vor sich ging, wer der Mutter bei der Entbindung zur Seite stand (wahrscheinlich waren es ihre weiblichen Verwandten), ob die Geburt klaglos ablief oder mit Komplikationen verbunden war, darüber wissen wir nichts. Das Mädchen wurde auf den Vornamen Margareta (flämisch: Margherita) getauft.

Wer hat diesen Namen für sie ausgesucht? Wer waren die Taufpaten? Wurde die Taufzeremonie geheim gehalten? In dieser Zeit ein lediges Kind zur Welt zu bringen war ja mit gesellschaftlicher Ächtung verbunden. Oder hatte sich die hochrangige Vaterschaft des Kindes bereits herumgesprochen? Fragen über Fragen, die unbeantwortet bleiben müssen. Es gibt darüber natürlich keine schriftlichen Unterlagen.

Der kaiserliche Vater, der längst wieder in seinem Königreich Spanien weilte, war über die Schwangerschaft, deren Urheber er war, gewiss informiert. Möglicherweise geht die Wahl des Vornamens für seine voreheliche Tochter auf einen von ihm geäußerten Wunsch und Auftrag zurück. Seine Tante, eine Tochter Kaiser Maximilians I., die das Amt einer Statthalterin der Niederlande bekleidete und an deren Hof er aufgewachsen war, hieß Margarete. Sie war ungemein tüchtig und klug, er schätzte sie. Ihr wollte er in naher Zukunft die Erziehung seines Kindes anvertrauen. Es sollte ihr zu Ehren den gleichen Vornamen tragen.

Jedenfalls nahm Karl sich seines Sprösslings an, schob die Mutter samt Tochter nicht irgendwohin ab, wie das in solchen Fällen üblich

war. Vatergefühle darf man bei seiner Entscheidung allerdings nicht in Rechnung stellen. Eher schon politische Absichten. Kaiser Karl V., der Monarch, in dessen Reich die Sonne nicht unterging, hatte mit seinem erstgeborenen weiblichen Abkömmling viel vor. Dazu bedurfte es einer gediegenen, sorgfältigen Erziehung. In den Händen der ungebildeten Mutter konnte man Margareta nicht lassen. Also kam das Mädchen zunächst einmal zu Pflegeeltern in das Haus des Hof-Speisemeisters André de Douvrin nach Brüssel. Der Mutter, die er nie wieder zu Gesicht bekam, setzte der knickerige Monarch ein kleine jährliche Rente aus. Jeanne heiratete später einen Adeligen aus Brabant, dem sie zwei Töchter und zwei Söhne gebar.
Die kleine Margareta blieb etwa drei Jahre in der Obhut der Pflegeeltern, wurde von ihnen umsorgt, lernte gehen und sprechen und erhielt erste erzieherisch-dynastische Impulse. Wir wissen nicht viel über diesen Abschnitt ihrer frühen Kindheit. Aus Rechnungsunterlagen ihrer Großtante geht hervor, dass ihr die Statthalterin gelegentlich wertvollen Schmuck schenkte und ihr kostbaren Stoff für Kleider zusenden ließ. Schon bald lernte die mütterliche Frau, die trotz dreier Ehen keine Kinder hatte, Margareta persönlich kennen. Die Kaisertochter kam zur weiteren Ausbildung an den Hof ihrer gleichnamigen Vorfahrin.
Margarete, seit 1507 Statthalterin des Königs von Spanien in den Niederlanden, residierte in Mecheln, einer kleinen Stadt nördlich von Brüssel. Auf dem Grote Markt, dem Hauptplatz, steht heute noch in fülliger Mütterlichkeit ihr Standbild.
Der Hof Margaretes war im 16. Jahrhundert ein Mittelpunkt höfischen und kulturellen Lebens. Die Regentin umgab sich mit einem Kreis von Künstlern, Schriftstellern und Gelehrten, sie veranstaltete Feste, Turniere und Bankette. Der Musik gehörte ihr besonderes Interesse. In den üppig mit flämischen Tapisserien ausgestatteten Räumen ihrer Residenz pflegte man das Orgel- und Flötenspiel, sang man Madrigale und Kirchenlieder und auch das Gebet kam nicht zu kurz. Die Hofsprache war Französisch.
Die Statthalterin hielt viel auf gute Manieren und gesittetes Benehmen. Flüche und Schimpfwörter zu gebrauchen war bei Strafe ver-

boten, Schmatzen und Rülpsen bei Tisch – damals in den obersten Gesellschaftsschichten durchaus üblich – war verpönt.
Margarete war eine Sparmeisterin. Sie unterzog alle Ausgaben einer strengen Kontrolle und unterwarf sich selbst ihrer haushälterischen Wirtschaftsführung. Trotzdem war ihr Hof kein asketisch geführtes Kloster. Die Statthalterin war schlichten Vergnügungen durchaus nicht abhold. Sie liebte es, Ausritte in die Umgebung zu machen und an ungezwungenen Volksfesten teilzunehmen.
An diesen Hof und in dieses gesellschaftliche Ambiente wurde nun die kleine Kaisertochter beordert und sie verblieb dort bis zu ihrem zehnten Lebensjahr. Ihre lebenskluge Großtante, die Erfahrung im Umgang mit Kindern hatte, sorgte für ihre Ausbildung. Es ist anzunehmen, dass die Kleine neben höfischen Sitten Religionsunterricht erhielt, im Gebrauch von Fremdsprachen unterwiesen wurde, weibliche Fertigkeiten wie Nähen und Sticken lernte, Tanzunterricht bekam und in die Kunst höfischer Konversation eingeführt wurde. Die Statthalterin wird das Ausbildungsprogramm wohl überwacht haben. Wie sehr sie sich der Kleinen persönlich annahm, ist nicht überliefert.
Margarete von Österreich war zwar noch nicht alt, aber sie hatte nicht mehr lange zu leben. Ein schmerzhaftes Beinleiden, das sie seit längerem quälte und das sich rasch verschlechterte, führte am 1. Dezember 1530, als sie fünfzig Jahre alt war, zu ihrem Tod. Der Leichnam wurde nur provisorisch bestattet und dann an der Seite von Margaretes drittem Gemahl, Philibert von Savoyen, in der herrlichen spätgotischen Kirche von Brou in einem prachtvollen Sarkophag beigesetzt.
Zur Nachfolgerin in den Niederlanden ernannte der Kaiser seine Schwester Maria. Hochintelligent, willensstark und tatkräftig, war sie eine eher maskuline Natur und zweifellos weniger mütterlich als Margarete. Die beiden großen Leidenschaften der neuen Statthalterin waren das Reiten und die Jagd.
Die kleine achtjährige Margareta blickte angeblich zu ihr auf, bewunderte ihre männlichen Eigenschaften. Viel Zeit, ihr nachzueifern, blieb ihr nicht. Denn schon nach etwa einem Jahr musste sie

die Niederlande verlassen. Sie sollte erst Jahrzehnte später nach einem turbulenten Leben wieder dorthin zurückkehren.

Während Margareta im dritten Jahrzehnt des 16. Jahrhunderts in den Niederlanden zu einem wohlerzogenen Mädchen heranwuchs, überstürzten sich in Europa die politischen Ereignisse. Die kriegerische Auseinandersetzung zwischen dem Kaiser und dem französischen König ging mit wechselnden Allianzen weiter. Franz I. scheute nicht davor zurück, sich mit den deutschen Protestanten und den Türken zu verbünden, was den Kaiser zu einer Schaukelpolitik gegenüber der Reformation zwang, deren weitere Verbreitung er unter diesen Umständen nicht verhindern konnte.
Der Papst stand das eine Mal auf Seiten Karls V., das andere Mal unterstützte er Frankreich. Auch England und die italienischen Kleinstaaten hielten es nicht anders.
In Italien, wo die Kriege zwischen den miteinander verbündeten Herrschern und Mächtigen hauptsächlich ausgefochten wurden, kam es 1527 zum berühmt-berüchtigten »Sacco di Roma«, zur Plünderung Roms durch die kaiserlichen Söldner. Die unter der Führung des bekannten deutschen Condottiere Georg von Frundsberg stehenden kaiserlichen Truppen hatten in Oberitalien 1526/27 einen harten, entbehrungsreichen Winter verbracht und wurden unzulänglich besoldet. Eine Meuterei drohte. Als Frundsberg »seinen Kindern« gut zureden wollte und sich drohend die Spieße gegen ihn senkten, traf den alten Haudegen der Schlagfluss. Der Tod ihres Kommandanten brach alle Dämme der Disziplin. Nur von schwacher Hand gelenkt, wälzte sich der Heerhaufen durch die Toskana auf Rom zu, das am 6. Mai 1527 erstürmt wurde. Auf die Eroberung der Stadt folgte die Plünderung. Gotteshäuser und Paläste wurden ihrer Schätze beraubt, Geschäfte und Speicher gebrandschatzt, Menschen niedergemetzelt. Ein spanischer Augenzeuge berichtete: »In Rom, der Hauptstadt der Christenheit, wird keine Glocke geläutet, keine Kirche geöffnet, keine Messe gelesen, es gibt weder Sonntag noch Feiertag. Die reichen Buden der Kaufleute sind Pferdeställe; die herrlichsten Paläste sind verwüstet, viele Häuser

verbrannt … die Straßen in Misthaufen verwandelt, der Gestank der Leichen ist entsetzlich; Menschen und Tiere haben gleiches Begräbnis; in den Kirchen habe ich von Hunden zerfressene Leichen gesehen. Auf den Plätzen stehen die Tische gedrängt, auf denen um große Haufen Dukaten gewürfelt wird.«

Papst Clemens VII., der vor den Söldnerhorden in die Engelsburg geflüchtet war, musste sich ergeben. Er befand sich nun in der Gewalt seines kaiserlichen Gegners.

Während sich all dies ereignete, hielt sich Karl V. in Spanien auf. Er schlug einen gegen die habsburgische Herrschaft gerichteten Aufstand der Comuneros nieder, reiste kreuz und quer durch das Land, um die Mentalität, die Sitten und Gebräuche seiner spanischen Untertanen kennen zu lernen, und heiratete 1525 in Sevilla die portugiesische Infantin Isabella, die am 21. Mai 1526 einen männlichen Erben, den späteren König Philipp II., auf die Welt brachte. Ende Juli 1529 entschloss sich der Kaiser endlich, in Italien nach dem Rechten zu sehen. Er stach von Barcelona aus in See und betrat etliche Tage später zum ersten Mal italienischen Boden. Im Schneckentempo zog er mit seinem Gefolge in das Landesinnere und auf Bologna zu, um vom Papst, mit dem er sich inzwischen ausgesöhnt hatte, zum Kaiser gekrönt zu werden.

Clemens VII., aus dem florentinischen Geschlecht der Medici stammend, befand sich bereits in der Stadt, als der Kaiser am 6. Dezember 1529 dort einzog. Er nahm im Palazzo Publico Quartier, in dem auch der Papst wohnte. Ihre Gemächer im selben Stockwerk waren durch Geheimtüren miteinander verbunden.

Das weltliche und das geistliche Oberhaupt der Christenheit hatten bis zur Kaiserkrönung im Februar 1530 viel miteinander zu besprechen: die politische Neuordnung der Apenninenhalbinsel, die Einberufung eines Konzils, die Einheit der Kirche. Darüber hinaus lag dem Papst vor allem die Wiederherstellung der Herrschaft seines Hauses in Florenz am Herzen, die verloren gegangen war. Karl V. versprach ihm dazu nicht nur militärische Hilfe. Er ging noch einen Schritt weiter. »Um den Schaden wieder gutzumachen, die seine Truppen dem heiligen Rom zugefügt hatten«, schloss er mit Clemens VII. einen Vertrag, in dem er dem illegitimen Sohn des Heiligen Vaters, Alessandro dé Medici, die Herrschaft in Florenz übertrug und ihn gleich auch noch zu seinem künftigen Schwiegersohn machte. Als Gemahlin Alessandros sah das Abkommen nämlich des Kaisers uneheliche Tochter Margareta vor, die jetzt zum ersten Mal als Schachfigur der Weltpolitik ins Spiel gebracht wurde. Die Heirat sollte stattfinden, wenn die Braut das Alter von zwölf Jahren erreicht haben würde, die Mitgift 20 000 Gulden betragen.

Die zu diesem Zeitpunkt acht Jahre alte Margareta wusste von dem Handel zwischen Kaiser und Papst natürlich nichts. Sie erfreute sich in Mecheln noch einer unbeschwerten Kindheit.
Nach seiner Krönung zum weltlichen Oberhaupt der Christenheit zog Karl V. nach Deutschland und von dort in die Niederlande, wo er seine Tochter erstmals zu Gesicht bekam. In seiner Begleitung befand sich auch Margaretas zukünftiger Bräutigam. Ob er ihr als solcher vorgestellt wurde? Ob sie der kaiserliche Vater über seine Pläne informierte? Höchstwahrscheinlich nicht.
»Die sehr kleine, nicht über ihre Jahre entwickelte, aber ziemlich hübsche und liebenswürdige« Kaisertochter, als die sie um diese Zeit geschildert wird, war um ihre Zukunft wahrlich nicht zu beneiden. Alessandro war nach den übereinstimmenden Aussagen seiner Zeitgenossen ein wahres Scheusal.
Um die bedauernswerte jugendliche Braut auf ihre zukünftige Rolle vorzubereiten und sie an ihre neue Heimat und das dort herrschende warme südländische Klima zu gewöhnen, beschloss der Kaiser, sie in Neapel von der Witwe des spanischen Vizekönigs Charles de Lannoy weiter ausbilden und erziehen zu lassen. So musste Margareta denn alsbald von ihrem flämischen Mutterland Abschied nehmen.
Die Italienreise wurde minutiös geplant, die Kaisertochter mit allem, was sie benötigte, ausstaffiert. Ein zahlreiches Gefolge, in dem sich auch Mitglieder der Familie Douvrin befanden, stand zu ihren Diensten. 120 Berittene beschützten die aus zahlreichen Equipagen, Reisewagen und Gepäckskarren bestehende Reisekolonne.
Der Termin für die Abreise war denkbar ungünstig gewählt. Mitten

im Winter, am 7. Januar 1532, machte sich die Kaisertochter auf den Weg. Durch die Niederlande und Deutschland quälte sich die Kolonne bei eisiger Kälte Tag für Tag über Berg und Tal durch die verschneite Landschaft. Man kam nur langsam voran. Die Tagesetappen mussten kurz bemessen werden, die Nachtlager in Dörfern und Städten entbehrten der Bequemlichkeit. In Tirol erzwangen riesige Schneemassen einen längeren Aufenthalt. Beim ersten Anzeichen von Tauwetter ging es dann über den Brennerpass nach Süden. Infolge der schlechten Straßenverhältnisse und der widrigen Wetterbedingungen nahm die Reise von Innsbruck nach Verona, für die man heute per Auto ein paar Stunden benötigt, volle zwei Wochen in Anspruch. In der Stadt Romeos und Julias, die damals zur Republik Venedig gehörte, wurde die »kleine, magere Margareta«, die so gar nicht ihrem Vater ähnlich sah, wie der Stadtherr an den Dogen berichtete, mit großem Pomp empfangen. Man gab ihr zu Ehren Feste und Diners, hielt Turnier ab, veranstaltete Bälle. Die Zehnjährige hinterließ einen guten Eindruck. Sie wusste sich zu benehmen und tanzte vorzüglich. Über Mantua und Bologna erreichte die Reisegesellschaft am 16. April 1532 Florenz, wo Margareta im Palazzo Medici Quartier bezog. Auch in der Arnostadt überbot man sich während ihres Aufenthaltes mit Festlichkeiten aller Art, bei denen sich ihr zukünftiger Gemahl von seiner besten Seite zeigte. Er war höflich, aufmerksam und zuvorkommend. Alessandro und ein Vertrauensmann des Kaisers begleiteten sie dann nach Rom. Wie mag dem kleinen Mädchen in Rom zumute gewesen sein, als es im Vatikanpalast vom Papst und den Kurienkardinälen im Beisein der ausländischen Gesandten und der Würdenträger der Stadt Rom willkommen geheißen wurde?

Clemens VII. zeigte sich höchst gnädig und behandelte seine zukünftige Schwiegertochter mit großer Zuvorkommenheit. Er machte bei einem Festbankett, das er zu Ehren Margaretas gab, dem Vertreter des Kaisers gegenüber den überraschenden Vorschlag, das Mädchen nicht nach Neapel zu bringen, sondern bis zur Verheiratung in Florenz zu stationieren. Das freilich wurde von Madame de Lannoy entschieden zurückgewiesen. Nach einer Woche nahm man

Abschied. Der Papst sah Margareta nicht wieder. Er starb zwei Jahre später.

Fast ein halbes Jahr war seit ihrer Abreise vergangen, als die Kaisertochter am 27. Mai 1532 in Neapel einzog. Der Auftrag für die Gastgeberin, Madame de Lannoy, war klar und unmissverständlich: Margareta sollte dort in den nächsten drei Jahren im Schloss Pizzofalcone von einer Flämin zu einer formvollendeten italienischen Prinzessin erzogen, ihr Charakter und ihre Persönlichkeit geprägt werden. In ihrem Unterrichtsprogramm standen die Unterweisung im Italienischen und die Einführung in die Geschichte und Kultur des Landes an oberster Stelle. Der Kaiser zeigte für ihre Ausbildung großes Interesse. Er unterzog sich sogar der Mühe, die Erziehungsgrundsätze schriftlich zu fixieren. Er ordnete auch an, dass die Kleine ihre Briefe mit »Margarita d'Austria« zu signieren habe. Über das Wohlbefinden und das Glück seiner Tochter verlor er kein Wort.
Nicht alle Personen in der Umgebung Margaretas waren mit der ihnen zugedachten Rolle und ihrem Aufenthalt in Neapel glücklich. André de Douvrin, zum Beispiel, einer ihrer engsten Vertrauten, wurde vom Heimweh überwältigt. Er kehrte mit Erlaubnis des Kaisers nach Flandern zurück. Die kleine Prinzessin war darüber untröstlich. Aber sie musste ausharren, ob sie wollte oder nicht.
In Florenz hatte unterdessen Alessandro de'Medici die Herrschaft übernommen. Der Papstsohn und Kaisergünstling war in der 1530 nach einer Belagerung von den kaiserlichen Truppen zerstörten Stadt wegen seines ausschweifenden Lebenswandels unbeliebt. Alessandro, der die Kunst der Verstellung perfekt beherrschte, zeigte sich zunächst von seiner liebenswürdigen Seite. Er arbeitete mit der Stadtverwaltung einträchtig zusammen. Erst nach dem Tod Clemens' VII., der ihm Zügel angelegt hatte, ließ er die Maske fallen. Er veranstaltete in der Stadt, die unter seinen Vorfahren zu einer der Kunstmetropolen Italiens emporgestiegen war, Orgien, die selbst in dieser lasterhaften Zeit auf heftigen Widerstand stießen und bei der Bürgerschaft helle Empörung auslösten. Man beschloss beim Kaiser Beschwerde dagegen einzulegen.

Karl V. war freilich weit weg vom Schuss. Er befand sich mit einer Flotte von 400 Galeeren auf einem Kriegszug gegen Tunis, um einer in türkischen Diensten stehenden Seeräuberbande, die den Seeweg zwischen Italien und Spanien beherrschte, das Handwerk zu legen. Nach der erfolgreichen Afrikaexpedition stattete der Kaiser seinen süditalienischen Besitzungen einen Besuch ab und traf, von Sizilien kommend, im November 1535 in Neapel ein, wo er seine illegitime Tochter wieder sah. Margareta war zu seiner Freude zu einem jungen, gewinnenden Mädchen herangewachsen. Weniger erfreut war der Monarch, der auf dem Höhepunkt seiner Macht angelangt war, über die Eskapaden seines zukünftigen Schwiegersohnes, die ihm nun persönlich zu Gehör gebracht wurden. Er ließ Alessandro rufen, hörte sich dessen Rechtfertigung an und bekräftigte mit seiner Unterschrift den Ehekontrakt zwischen dem florentinischen Wüstling und seiner unehelichen Tochter. Dann zog er nach Norden weiter, stattete dem neuen Papst, Paul III., in Rom einen Besuch ab und bereitete sich auf einen neuen Waffengang vor. Zur Abwechslung maß er wieder einmal seine Kräfte mit dem König von Frankreich.
Alessandro kehrte nach Florenz zurück und trieb es dort bald bunter denn je. Die nichtsahnende Margareta blieb in Neapel. Am 31. Mai 1536 zog sie dann mit ihrem Gefolge im festlich geschmückten Florenz ein und verbrachte die beiden Wochen bis zu ihrer Hochzeit, die am 13. Juni in der Medici-Pfarrkirche San Lorenzo stattfand, in einem Kloster. Aus welchen Gründen, geht aus den zeitgenössischen Berichten nicht hervor.
Die Hochzeitszeremonie lief in einem prachtvollen Rahmen ab. Während des Banketts, das sich daran anschloss, trat ein Naturereignis ein, das man allgemein als böses Omen wertete: Eine Sonnenfinsternis versetzte die Gemüter der Festgäste in erstaunte Erregung. Nach dem Hochzeitsmahl fand ein Ball statt, bei dem eine Komödie Lorenzinos de'Medici, eines Kumpanen Alessandros, zur Aufführung kam. Dann zog sich das neuvermählte Paar in seine Schlafgemächer zurück. Ob der Bräutigam in der Hochzeitsnacht Margareta zur Frau machte, ob er die Ehe überhaupt je vollzog, wissen wir nicht.

Der Ehebund war jedenfalls nicht von langer Dauer. Alessandro setzte sein ausschweifendes Leben fort, veranstaltete wilde Gelage, überfiel mit seinen Freunden Klöster und drang in seiner Sucht nach Liebesabenteuern in Privathäuser ein. Die verschreckte Bürgerschaft zog die Köpfe ein, sah dem wüsten Treiben tatenlos zu. Schließlich setzte Lorenzino de'Medici offensichtlich aus politischen Motiven – er wollte in Florenz die Republik wiederherstellen – der Tyrannei seines Gönners ein jähes Ende. Er lockte ihn in einer Karnevalsnacht des Jahres 1537 in eine Falle. Statt der Schönheit, die er dem Freund zuzuführen versprochen hatte, tauchte er mit einem gedungenen Mörder auf und erdolchte mit dessen Hilfe den ahnungslosen, in einem Quartier neben dem Herzogspalast auf sein Liebesabenteuer wartenden Lüstling. Mit der Ermordung Alessandros de'Medici endete ein unrühmliches Kapitel florentinischer Geschichte.

Wie Margareta auf die Nachricht von der Bluttat reagierte, entzieht sich unserer Kenntnis. Die kleine Herzogin, die kaum fünfzehnjährig zur Witwe geworden war, wurde von Getreuen auf eine Festung in Sicherheit gebracht und wartete dort den weiteren Verlauf der Ereignisse ab. Abermals lag ihr Schicksal in den Händen des kaiserlichen Vaters. Was würde er unternehmen, was veranlassen, was entscheiden? Die Tage vergingen im Schneckentempo, die Langeweile war nur schwer zu ertragen.

Schon bald nach der Ermordung Alessandros traten zwei Bewerber um die Hand der begehrenswerten Witwe auf: Cosimo de'Medici, der Vetter und Nachfolger des Ermordeten, und der lebens- und machthungrige Papst Paul III. aus dem Geschlecht der Farnese für seinen Enkel Ottavio. Beiden Bewerbern ging es um größeren politischen Einfluss in Italien und um mehr Macht. Beide entsandten Delegationen nach Spanien mit dem Auftrag, den Kaiser für ihre Sache zu gewinnen.

Karl V. ließ sich Zeit. Er war kein Mann rascher Entschlüsse. Er wog die Vor- und Nachteile einer ehelichen Verbindung seiner Tochter mit den beiden Heiratskandidaten sorgsam gegeneinander ab und traf dann seine Verfügungen. Da ihm die Medici bei seiner Italienpolitik nicht mehr nützlich zu sein schienen, entschied er sich für den Sprössling aus dem Haus Farnese. Die Unterstützung des Papstes konnte er im Kampf gegen Frankreich, der noch lange nicht entschieden war und der hauptsächlich in Italien ausgefochten wurde, gewiss gut gebrauchen.

Die Betroffene, die mittlerweile ihr Domizil in der Villa Medicea in der Nähe der Stadt Prato bei Florenz aufgeschlagen hatte, vertrieb sich die Zeit vorwiegend mit der Jagd und harrte im Übrigen der Dinge, die auf sie zukamen. Im November 1537 erhielt sie vom Kaiser die Nachricht, dass er einen spanischen Granden an ihren Hof schicken werde mit dem Auftrag, ihr in allen möglichen Lebensfragen zu Dienste zu stehen. Das war natürlich nur ein vorgeschobenes Argument, eine fadenscheinige Ausrede. Don Lope Hurtado de Mendoça hatte den mündlichen Befehl, Margareta auf die Verehelichung mit Ottavio Farnese vorzubereiten und einzustimmen. Es war keine leichte Aufgabe. Margareta, die inzwischen zu einer eigenständigen Persönlichkeit herangereift war, wollte in der Toskana bleiben und favorisierte eine Verbindung mit dem jungen Herzog von Florenz. Sie widersetzte sich den Plänen des väterlichen Ehestifters. Briefe wurden gewechselt, Gespräche geführt, Verträge ausgehandelt. Ergebnis: Margareta musste sich natürlich dem Willen des Vaters fügen. Am 12. Oktober 1538 wurde im Vatikan in feierlicher Form der Ehevertrag unterzeichnet. Alle Einwände der Betroffenen waren vergebens gewesen.

So trat denn die Kaisertochter den Weg in die Ewige Stadt an. Über Siena, wo sie sich zwei Wochen aufhielt, den Bolsenasee und Viterbo langte sie am 3. November 1538, dem Jahrestag der Inthronisation Papst Pauls III., in Rom ein, wo sie glanzvoll empfangen wurde. An diesem Tag sah sie den Jüngling zum ersten Mal, den sie zu heiraten hatte. Der kleine, hässliche, unscheinbare Ottavio machte auf sie einen niederschmetternden Eindruck. Sie war verzweifelt.

Die Hochzeit der Kaisertochter mit dem schüchternen Papstenkel fand am 4. November 1538 in der Sixtinischen Kapelle des Petersdomes im Rahmen eines feierlichen Gottesdienstes und in Anwesenheit einer großen Zahl von Kardinälen und Botschaftern aus aller Herren Ländern statt. Aller Augen waren auf das Brautpaar gerichtet, als Paul III. die Frage an Margareta richtete, ob sie gewillt sei, Ottavio zu ihrem Gemahl zu nehmen. Die Braut schwieg. Sie verweigerte das Jawort. Für Sekunden schien die Zeit stillzustehen, das Jüngste Gericht, das Michelangelo an die Wände der Sixtina gemalt hatte (es war allerdings noch nicht ganz fertig gestellt), über die Teilnehmer an der feierlichen Zeremonie hereinzubrechen. Da stimmte der Chor ein Loblied zu Ehren Gottes an, der Papst überging die Weigerung der Braut, tat so, als ob nichts geschehen wäre. Die Ehe war besiegelt.

Sie wurde allerdings nicht vollzogen. Margareta schützte Krankheit vor und weigerte sich, mit dem unreifen Knaben, der ihr angetraut worden war, ins Bett zu steigen. Der Papst soll daraufhin am 30. Dezember um vier Uhr morgens ein Treffen mit Margareta vereinbart und bei dieser Gelegenheit das Paar zusammengeführt haben. Margareta ließ sich freilich auf keine Experimente mit ihrem Ehegatten ein. Sie setzte auf Zeit, zögerte den Beischlaf hinaus. Eine nicht vollzogene Hochzeit sei leicht zu annullieren, meinte sie, und außerdem sei die Ehe gar nicht gültig, da sie ja bei der Trauung das Jawort verweigert habe.

An den europäischen Höfen war die seltsame Verbindung in diesen Wochen und Monaten Tagesgespräch. König Ferdinand fragte beim Kaiser, seinem älteren Bruder, an, ob der 14-jährige Ottavio überhaupt seiner ehelichen Pflicht nachkommen könne. Selbstverständlich, erhielt er zur Antwort.

Margareta lebte indessen, von ihrem Ehemann getrennt, im Palazzo Cesi. Sie war unglücklich und verzagt. Sie konnte nicht schlafen, sie aß nichts, sie weinte sich die Seele aus dem Leib, sah ihre Zukunft in den düstersten Farben. »Ihre Augen sind ein Brunnen«, berichtete der Vertrauensmann des Kaisers nach Spanien. Dass die Ehe mit Ottavio eine Fiktion war, wussten inzwischen alle, die hören und sehen konnten.

Der Kaiser las die einlangenden Berichte mit kummervoller Miene. Was fiel der widerspenstigen Tochter eigentlich ein? Was erlaubte sie sich? Er war es nicht gewohnt und duldete es auch nicht, dass man sich seinen Entschlüssen und Anordnungen widersetzte. Karl V. mahnte Margareta brieflich zur Vernunft. Als seine sanften Vorwürfe keine Wirkung zeigten, wurde er dringlicher. Er müsse darauf bestehen, dass sich seine Tochter seinem Willen füge, erklärte er dezidiert. Um seinen Intentionen Nachdruck zu verleihen, schickte er abermals einen Vertrauensmann mit dem Auftrag nach Italien, Margareta zur Räson zu bringen.

Die Kaisertochter empfing den Abgesandten des Vaters in Tivoli, wohin sie sich mit einem kleinen Gefolge zurückgezogen hatte. Mit beharrlicher Sanftmut und geschickter Diplomatie gelang es Jean d'Andelot, Margaretas Widersätzlichkeit zu brechen. Sie ließ sich von ihm dazu überreden, dem Papst einen liebenswerten Brief zu schreiben und Ottavio zu empfangen. Alsogleich erging ein Schreiben an den Kaiser des Inhalts: »Der Präfekt« – so wurde Ottavio tituliert – »hat mit Madama geschlafen und so ist vollzogen, was zur Ehe gefehlt hat.«

Paul III. war über die Wendung der Dinge hocherfreut. Er übertrug seinem Enkel das etwa 50 Kilometer von Perugia entfernte Herzogtum Camerino. Zwei Jahre nach der Trauungszeremonie in der Sixtinischen Kapelle schienen Kaiser und Papst am Ziel ihrer Wünsche angelangt zu sein. Von einer normalen Ehe konnte freilich keine Rede sein. Margareta verachtete ihren Gemahl, demütigte ihn, wo und wann immer sich dazu Gelegenheit bot, sperrte ihn aus ihrem Schlafzimmer aus und lebte ihr Leben.

Im Spätherbst des Jahres 1539 verließ Karl V., der im Frühjahr seine geliebte Gattin Isabella verloren hatte (sie war im Kindbett verstorben), wieder einmal Spanien, um seinen Pflichten als römisch-deutscher Kaiser nachzukommen. In Gent, seiner Geburtsstadt, rebellierten die Bürger gegen die Steuerpolitik der spanischen Statthalterschaft, in Deutschland tobte noch immer der Religionsstreit, im Mittelmeer gefährdeten die Seeräuber wieder einmal den Handel und machten die spanischen und italienischen Küsten unsicher.

In Gent hielt der Kaiser ein strenges Strafgericht. Die Stadt verlor ihre städtischen Freiheiten, die Rädelsführer des Aufstandes, dreizehn an der Zahl, wurden hingerichtet. Eine Bürgerdeputation musste im Prinsenhof, wo Karl residierte, auf den Knien und mit einem Strick um den Hals um Verzeihung bitten.

Behutsamer und diplomatischer ging der Kaiser in Deutschland vor. Auf dem Reichstag zu Regensburg, den er einberief und der im Frühjahr und Sommer 1541 tagte, machte er den Versuch, Katholiken und Protestanten miteinander zu versöhnen. Es gelang ihm nicht. Enttäuscht und verbittert verließ er die Stadt und rüstete sich zum Krieg gegen die Seeräuber. Ehe er sich im September einschiffte, um zum Schlag gegen die Korsaren auszuholen, traf er in Lucca mit dem Papst zusammen. Paul III. kam mit einem großen Gefolge, in dem sich auch Margareta und ihr Gemahl Ottavio befanden. Nach fünf Jahren kam es also wieder zu einem Wiedersehen zwischen Vater, Tochter und Schwiegersohn.

Der Kaiser und Margareta führten in Lucca mehrere Gespräche, wobei es nicht nur um persönliche, sondern auch um politische Themen ging: um ein Konzil, das den katholischen Glauben auf eine neue Grundlage stellen sollte, um Hilfe gegen die Türken, um die Unterstützung des Papstes im Kampf gegen Frankreich. Karl V. scheint die Tochter in alle diese Pläne eingeweiht zu haben. Beide kamen einander seelisch näher.

Konkrete Ergebnisse mit dem Unheiligen Vater erzielte der Kaiser nicht. Lediglich im familiären Bereich gab es eine Überraschung: Ottavio Farnese durfte sich am Unternehmen gegen die Seeräuber vor Algier beteiligen.

Margareta kehrte nach Rom zurück. Sie bezog dort den Palazzo Medici, den sie renovieren und neu einrichten ließ, stattete ihren Besitzungen in Mittelitalien Besuche ab und ging ihrer Lieblingsbeschäftigung, der Jagd, nach.

Mit immer größerer Deutlichkeit nahm nun auch ein Wesenszug Form an, der bislang nicht so markant in Erscheinung getreten war: ihre Frömmigkeit. Sie besuchte täglich die Messe, widmete sich dem Gebet und betätigte sich karitativ. So unterstützte sie die Armen und Kranken, spendete Geld für Waisenkinder und half mit, in der Ewigen Stadt die Prostitution einzudämmen.

Leitbild und Ratgeber für ihr religiöses Leben und ihr soziales Engagement war Ignatius von Loyola, der Begründer des Jesuitenordens. Er war ihr Beichtvater, mit ihm hielt sie Kontakt. Margareta setzte sich bei ihrem päpstlichen Schwiegervater für die Anerkennung des Ordens ein, die 1540 erfolgte.
Die Strafexpedition des Kaisers gegen die Seeräuber endete vor Algier mit einem totalen Misserfolg. Heftige Stürme vor der nordafrikanischen Küste erschwerten die Landung der Flotte. Die Kanonen konnten von den Schiffen nicht an Land gebracht werden, die Söldner versanken beim Vormarsch auf die Stadt bis zu den Knien im Morast. Ein Ausfall der Araber aus der Stadt dezimierte ihre Reihen. Karl, nicht eben ein Hüne von Gestalt und für das Kriegshandwerk keineswegs geschaffen, schlug sich tapfer. »Er nahm die ärgsten Strapazen auf sich wie sein letzter Soldat«, schrieb ein Historiker, »er setzte sich der Gefahr aus, wo sie am ärgsten war; er flößte denen Mut ein, die verzagen wollten; er kümmerte sich um die Kranken und Verwundeten und stärkte sie durch seine Worte und sein Beispiel.«
Auch der Gemahl Margaretas, der blutjunge Ottavio, zeichnete sich durch Mut und Unerschrockenheit aus. Es half jedoch nichts. Der Kaiser musste das Unternehmen abbrechen und zum Rückzug blasen. Anfang Dezember 1541 betrat er nach mehr als einjähriger Abwesenheit wieder spanischen Boden.
In Rom, wo man lange Zeit ohne Nachricht über die Expedition blieb, kursierten die wildesten Gerüchte. Der Kaiser und Ottavio galten wochenlang als verschollen. Margareta stand größte Ängste aus. Würde sie zum zweitenmal in ihrem jungen Leben den Witwerschleier tragen müssen?
Als sie zu Beginn des Jahres 1542 die Nachricht erhielt, dass der Vater und der Gatte den Kriegszug heil überstanden hatten, war sie erleichtert. Mehr als das: die Botschaft von der soldatischen Bewährungsprobe ihres Gemahls löste in ihr sogar ein Gefühl der Befriedigung aus. Der schwächliche Jüngling, den sie hatte heiraten müssen, hatte die Feuerprobe bestanden und er würde, so schien es, doch noch seinen Mann stellen.

Auf seine Rückkehr musste sie allerdings noch ein paar Jahre warten, da er beim Kaiser verblieb und sich in dessen Armee im Kampf gegen Frankreich abermals militärischen Ruhm errang. Karl V. sparte nicht mit Lob und Auszeichnungen für ihn.
Erst im Mai 1543 gab es für die Ehepartner ein Wiedersehen und, wie Beobachter festzustellen glaubten, eine Aussöhnung im Bett. Einer von ihnen wusste es ganz genau: »Der schöne Herzog Ottavio«, prahlte er in einem Bericht an Cosimo de'Medici, »bestieg in der ersten Nacht in Pavia viermal seine Madama.«
Ein normales Eheleben gab es nun jedenfalls, denn am 27. August 1545 um 6 Uhr abends brachte Margareta nach siebenjähriger Ehe Zwillinge zur Welt.
Die Freude von Papst Paul III. war groß. Er besuchte die Mutter im Wochenbett und überbrachte wertvolle Geschenke. Die Kinder erhielten Goldketten, Margareta zusätzlich 2000 Taler aus der päpstlichen Kasse.
Die Taufe der beiden Knaben fand zwei Monate später in der Kirche St. Eustachius im Beisein von 23 Kardinälen statt. Die Kinder erhielten die Namen Carlo und Alessandro. Carlo war kein langes Leben beschieden. Er starb im Alter von vier Jahren. Margaretas zweiter Sohn, Alexander Farnese, machte später noch von sich reden.
Die Mutterschaft veränderte die Kaisertochter auch seelisch. Sie stand nun den Wünschen und Absichten des Vaters offener und verständnisvoller gegenüber, brachte der Familie Farnese, vor allem ihrem Gatten, größeres Wohlwollen entgegen und widmete sich mit Liebe der Erziehung ihrer Söhne.
Mit ihrer Stellung war sie unzufrieden. Sie wollte sich keineswegs damit begnügen, die Frau eines Mannes zu sein, der Herr über ein lächerlich kleines Herzogtum war. Auch der Papst war als Oberhaupt seines Hauses an einer fundierten Machtstellung seiner Familie interessiert. Er belehnte seinen Sohn Pier Luigi, den Vater Ottavios, mit den Herzogtümern Parma und Piacenza. Nach dessen Ermordung trat Ottavio gegen kaiserlichen und päpstlichen Widerstand als Herzog von Parma das Erbe an, während Piacenza kaiserlich blieb.

Margareta stand in den damit verbundenen Auseinandersetzungen auf Seiten ihres Gemahls. Sie beschloss ihm nach Parma zu folgen. Ungeachtet der sommerlichen Hitze verließ sie Mitte Juni 1550 mit ihrem Gefolge die ihr während ihres langjährigen Aufenthaltes so vertraut gewordene Residenzstadt des Papstes und zog am 2. Juli, feierlich empfangen, in Parma ein. Margareta war jetzt 25 Jahre alt. Ein Porträt aus dieser Zeit zeigt eine junge, stolze, nicht unhübsche Frau in einer kostbaren weißen Robe aus Satin.

Mit ihrem Gemahl hatte sie sich arrangiert. Sie liebte ihn zwar nicht, aber sie bewunderte seinen Mut und seine Zähigkeit. Ottavio überspannte freilich den Bogen seines Ehrgeizes. Als er gegen den Willen Margaretas den Versuch unternahm, im Verein mit dem französischen König große Politik zu machen, manövrierte er sich in eine politisch und militärisch äußerst heikle Situation. Kaiser und Papst gingen darauf gemeinsam gegen den Herzog vor. Parma musste eine Belagerung durch kaiserliche und päpstliche Truppen über sich ergehen lassen. Margareta harrte an der Seite ihres Gemahls aus. Das Herzogspaar überstand, von Hunger und Durst geplagt, diese schweren Monate. Schließlich bestätigte ein neuer römischer Oberhirte Ottavio im Besitz des Herzogtums.

Im deutschen Religionskrieg blieb Karl V. erfolglos. Er konnte die im Gefolge der Reformation eingetretenen Veränderungen nicht rückgängig machen, die Einheit der Kirche nicht wiederherstellen. Schwer enttäuscht, krank an Leib und Seele, nahm der von Gicht, Rheumatismus und Hämorrhoiden geplagte Monarch Abschied vom Reich und ließ sich in einer Sänfte in die Niederlande tragen.

Im »Brabanter Hof«, dem weitläufigen Herzogspalast in Brüssel, lebte er in den nächsten dreieinhalb Jahren in weltentrückter Abgeschiedenheit. Er machte zwar noch Politik, aber es gab Wochen und Monate, in denen er stundenlang vor sich hin brütete und schwermütigen Gedanken nachhing. Langsam und zögernd, aber mit immer größerer Intensität reifte in ihm der Gedanke, der Macht zu entsagen, von der Bühne der Weltpolitik abzutreten und die Bürde der Herrschaft auf jüngere Schultern zu legen. Am 28. Oktober 1555 verzichtete er in einem feierlichen Staatsakt im großen Saal des Brüsseler Schlosses zugunsten seines Sohnes Philipp auf die Regierung in den Niederlanden, im Jahr darauf überließ er ihm auch Spanien und die dazu gehörenden überseeischen Besitzungen. Die Nachfolge als römisch-deutscher Kaiser trat sein Bruder Ferdinand an.

Karls Abdankungsschritte lösten unter den Zeitgenossen Erstaunen und Erschütterung aus. Auch seiner Tochter in Parma ging die väterliche Entscheidung sehr nahe.

Im September 1556 wurde zwischen Spanien und dem Haus Farnese ein Vertrag geschlossen, der Ottavio im Besitz der Herzogtümer Parma und Piacenza bestätigte. Er trug bereits die Handschrift Philipps, des neuen Königs. Margareta, die ihren um fünf Jahre jüngeren Halbbruder noch nie gesehen hatte, war darüber hocherfreut. In ihren Freudenbecher mischte sich jedoch ein Wermutstropfen. Philipp äußerte den nachdrücklichen Wunsch, dass sein Neffe Alexander am spanischen Hof erzogen werde. Margareta fügte sich nur ungern diesem Verlangen, das ihr Mutterherz schmerzte. Die Trennung von ihrem geliebten Sohn fiel ihr verständlicherweise schwer. Da der König auch den Wunsch äußerte, sie persönlich kennen zu lernen, entschloss sie sich dazu, Alexander in die Niederlande zu begleiten. Sie verband damit die Hoffnung, auch ihren Vater wieder zu sehen.

Die winterliche Reise über schlechte Straßen nahm zwei Monate in Anspruch. Dann standen die Geschwister einander zum ersten Mal gegenüber. Margareta stellte Philipp ihren Sohn vor, dessen gepflegtes Aussehen und gute Manieren auf den König einen günstigen Eindruck machten. Den Vater traf Margareta nicht an. Er war bereits auf dem Weg nach Spanien. Sie sahen einander nicht wieder.

Margareta und ihr Sohn Alexander blieben ein paar Monate in Brüssel. Sie nahmen an Tanzveranstaltungen – es war Fasching – und höfischen Festen teil und Margareta benutzte die Gelegenheit zu Gesprächen mit Angehörigen des flandrischen Adels.

Im Juni 1557 trat sie die Heimreise an, nachdem sie Philipp nach London begleitet hatte, wo er seine ungeliebte Gattin Mary Tudor

wieder sah und den Kronrat dazu zu bewegen versuchte, an der Seite Spaniens in den Krieg gegen Frankreich einzutreten. Während sich all das ereignete, befand sich Ottavio als General in spanischen Diensten.
Margareta schlug nach der Rückkehr ihr Domizil in Piacenza auf. Sie ließ sich dort im Norden der Stadt einen imposanten Palast errichten, allerdings wurde er nicht ganz den Bauplänen entsprechend ausgeführt. Aus welchen Gründen sie Piacenza nunmehr den Vorzug vor Parma gab, kann man nur vermuten. Offenbar wollte sie ein von ihrem Gemahl unabhängiges Leben führen. Sie hatte ihre eheliche Pflicht getan und Ottavio Nachkommenschaft geschenkt. Das musste genügen.
In Piacenza, wo sie die beiden nächsten Jahre verbrachte, erhielt Margareta die Nachricht vom Tod des Vaters. Karl V. schied am 21. September 1558 in seiner Villa in der Nähe des Klosters San Jeronimo de Yuste aus dem Leben. Einem Bericht ihres Sekretärs zufolge war die Herzogin über das Hinscheiden des Kaisers so erschüttert, dass sie einen Nervenzusammenbruch erlitt. Sobald sie sich davon erholt hatte, nahm sie an einem Requiem für den Verstorbenen teil, das mit würdevoller Andacht und geziemender Trauer in der Kathedrale von Piacenza abgehalten wurde.

Etwa einen Monat nach dem Tod Karls Karls V., am 18. Oktober 1558, starb auch dessen Schwester Maria, die fast ein Vierteljahrhundert lang (1531–1555) mit kluger und fester Hand als Statthalterin in den Niederlanden gewirkt hatte. Der Verlust des Vaters und der Tante so knapp hintereinander bürdete Philipp II., Karls ältestem Sohn und Nachfolger, mit einem Schlag die alleinige Verantwortung für ein Weltreich auf.
Philipp II. regierte vierzig Jahre lang. Er hat in diesem Zeitraum die Geschicke Europas und der Welt entscheidend mitbestimmt und mitgestaltet. Eine charismatische Persönlichkeit war er nicht. Was er veranlasste, bewegte und bewirkte, geschah auf Grund seiner Stellung als Herrscher, dessen Wort von unverrückbarer Gültigkeit war. Philipp besaß ein ausgeprägtes Sendungsbewusstsein, das von tiefer

Religiosität gespeist wurde. Er fühlte sich für alle seine Handlungen und für das Seelenheil seiner Untertanen nur Gott gegenüber verantwortlich. Von diesem herrscherlichen Credo aus ist seine Politik zu verstehen und zu beurteilen.
Philipp verfolgte im wesentlichen die politischen Ziele seines Vaters. Es ging ihm also vor allem um die Erweiterung des habsburgischen Besitzstandes, um den Kampf gegen die Osmanen und die Verteidigung des katholischen Glaubens.
Sein Regierungsstil war allerdings ein völlig anderer. Er reiste nicht viel, beteiligte sich an keinem Feldzug, regierte sein Imperium vom Schreibtisch aus. Pflichtbewusst, fleißig und arbeitsam, saß der kontaktscheue Monarch im Eskorial oder in einem seiner anderen Herrschaftssitze bis spätnachts über den Akten gebeugt, versah sie mit Randbemerkungen und traf langsam und umständlich seine Entscheidungen. Von 1559 an, als er von den Niederlanden nach Spanien zurückkehrte, bis zu seinem Tod im Jahre 1598 hat er die Iberische Halbinsel nie mehr verlassen.
Vor seiner Rückkehr musste er noch eine wichtige Entscheidung treffen. Der Posten des Statthalters in den Niederlanden war neu zu besetzen. Es war ein wichtiges, schwieriges Amt, das eine gründliche Kenntnis des Landes, diplomatisches Geschick, Charakterfestigkeit, Willensstärke, Verantwortungsbewusstsein, zähe Arbeitskraft und zahlreiche andere Eigenschaften und Fähigkeiten verlangte. Es war gewiss nicht leicht, eine Persönlichkeit zu finden, die diesem Anforderungskatalog entsprach.
Der König beriet sich lange mit seinen engsten Ratgebern, ehe er eine Entscheidung traf. Seine Wahl fiel schließlich auf seine Halbschwester Margareta. Die niederländischen Magnaten, allen voran Wilhelm von Oranien, der die Opposition gegen die spanische Herrschaft anführte, waren keineswegs erfreut, als sie davon erfuhren. Margareta sei zwar in den Niederlanden zur Welt gekommen und habe ihre Kindheit da verbracht, aber sie sei zur Italienerin geworden, sie sei in den Staatsgeschäften unerfahren, sie sei zu hochfahrend und zu wenig kultiviert, argumentierten sie.
Margareta selbst war überrascht, als der König sie von seinem Vor-

haben benachrichtigte. Das Angebot ehrte sie, aber sie wusste natürlich um die Schwere der Aufgabe, die ihr bei der Übernahme des Amtes bevorstand. Sie überlegte längere Zeit, wog alle Für und Wider gegeneinander ab. Dann stimmte sie zu. Es war eine Entscheidung von großer Tragweite, ein Wendepunkt in ihrem Leben.

Von Piacenza aus trat Margareta am 26. Juni 1559 die Reise in ihr Geburtsland an. Sie wurde etwa einen Monat später in Gent vom König inmitten seines gesamten Hofstaates empfangen. Am Abend des 7. August stellte Philipp die neue Regentin den Generalständen, den Vertretern der einzelnen Provinzen, vor. Die prachtvoll gekleidete, juwelengeschmückte Statthalterin wirkte bei diesem Festakt ruhig, hoheitsvoll und ein wenig hochmütig. So empfanden es jedenfalls einige Anwesende.

Margareta wurde im Namen des Königs, der die Landessprache nicht beherrschte, von Kardinal Antoine Perrenot de Granvelle, dem Berater Philipps und zukünftigen engsten Ratgeber der Regentin, den Ständen vorgestellt. In einer langen, wohlgesetzten Rede pries er ihre Vorzüge, ihre Liebe zu Land und Leuten. Margareta verzog keine Miene, hüllte sich in Schweigen. Welchen Eindruck sie bei den Versammelten hinterließ, wer vermöchte es zu sagen?

Gegen Ende August 1559 verließ Philipp II. an Bord eines Schiffes die Niederlande und kehrte nicht mehr wieder. Das Land sollte ihm in den nächsten Jahrzehnten freilich noch Schwierigkeiten und Sorgen bereiten.

Margareta schlug ihre Residenz in einem großen Schloss im Norden von Brüssel auf. Ihr Hofstaat, der rund 200 Personen umfasste, war eine bunt zusammengewürfelte Mischung aus Italienern, Spaniern und Holländern, die der Regentin für die verschiedensten Aufgaben und Dienste zur Verfügung standen. Es gab Beichtväter, Priester und Prediger, die für das Seelenheil, Ärzte, die für das leibliche Wohl zu sorgen hatten, Sekretäre und Schreiber, aber auch Barbiere, Schneider, Schlosser, Goldschmiede, Weißnäherinnen, Wäscherinnen, Kammerherren und -frauen, Reitknechte, Mägde und anderes Dienstpersonal.

Die jährlichen Einkünfte der Statthalterin betrugen 70000 Gulden, eine Summe, die sie als viel zu niedrig beklagte, zumal ihre Vorgängerin im Amt, Maria von Ungarn, das Doppelte bezogen hatte. Margareta liebte es, auf großem Fuß zu leben. Noblesse oblige. Sie bat den König immer wieder um eine höhere Dotierung. Bei Philipp stieß sie damit jedoch zumeist auf taube Ohren.

Ihren vielfältigen Aufgaben widmete sich die Vertreterin des spanischen Königs in den Niederlanden mit großem Eifer und Fleiß. Sie hatte in der Person Granvelles, der in der Nähe ihres Hofes in einem schönen Renaissancepalais residierte, einen klugen, welterfahrenen und tüchtigen Ratgeber. Granvelle, ein bedingungsloser Vertreter der zentralistischen spanischen Herrschaft, lenkte geschickt ihre Schritte und beeinflusste ihre Entscheidungen.

Zunächst ging alles verhältnismäßig gut. Wenn der Adel des Landes auch über das »ewige Weiberregiment« die Nase rümpfte, kam es anfänglich zwischen Margareta und den maßgeblichen niederländischen Herren zu keinen ernsthaften Meinungsverschiedenheiten. Gegensätzlichkeiten gab es freilich mehr als genug. Die Adeligen, von Wilhelm von Oranien, Philippe Graf Hoorne und Lammoral Graf Egmont gelenkt und geleitet, bestanden auf ihrer Teilnahme an den Sitzungen des Staatsrates, ihren angestammten Kontroll- und Mitspracherechten in der Verwaltung und Rechtsprechung. Sie verlangten den Abzug der im Land stationierten spanischen Truppen und beklagten die hohen Steuern, die Spanien aus dem reichen Land herauspresste. Ihre Forderungen und Beschwerden wurden von den Bürgern der wohlhabenden Städte unterstützt.

Die religiöse Frage spielte zunächst nur eine untergeordnete Rolle, wiewohl die Inquisition gegen reformatorische Gruppen mit aller Härte vorging.

Margareta waltete ihres Amtes mit Erfolg. Sie war vorurteilslos, gerecht und brachte Land und Leuten Verständnis entgegen. Geschickt zog sie die Führer der Opposition zu den Staatsgeschäften heran, mit Wilhelm von Oranien verband sie sogar freundschaftliche Zuneigung.

Der Statthalterin waren bei allen ihren Maßnahmen und Entscheidungen freilich die Hände gebunden. Sie musste durchführen, was ihr der König befahl, was die spanischen Behörden anordneten. Politik wurde nicht von ihr, von Brüssel aus, sondern von Madrid aus gemacht.

Philipp II. brachte den Niederlanden, die er wohl aus eigener Anschauung kannte, wo er aber nie heimisch geworden war, wenig Verständnis entgegen. Es ging ihm in der Hauptsache darum, die Provinzen straff und absolutistisch zu verwalten, als Einnahmequelle zu nutzen und dort die Einheit des katholischen Glaubens zu bewahren. Diesem politisch-religiösen Konzept stellten Adel und Volk ihren regionalen Behauptungswillen entgegen.

Die Statthalterin sah ihre Aufgabe darin, zu vermitteln, auszugleichen, eine offene Konfrontation zu verhindern. Es war keine leichte Aufgabe.

Die Situation im Lande verschlimmerte sich, als der König den Abzug der spanischen Truppen, den er den Ständen zugesagt hatte, immer wieder hinauszögerte. Margareta drängte ihn in zahlreichen Briefen, das Versprechen endlich einzulösen. Ein kleiner Funke genüge, warnte sie, um einen Flächenbrand auszulösen. Da und dort kam es tatsächlich auch bereits zu blutigen Handgreiflichkeiten zwischen der spanischen Soldateska und der Bevölkerung. Erst nach dem endgültigen Abzug der Truppen im Januar 1561 kehrte Frieden ein.

Die Ruhepause war nicht von langer Dauer. Philipp II. verschärfte die inquisitorischen Maßnahmen gegen die Calvinisten, die die religiöse Einheit des Landes zu gefährden drohten, und forderte Margareta zum harten Durchgreifen auf. Um die Provinzen noch stärker der staatlichen und religiösen Kontrollen Spaniens zu unterwerfen, wurde eine neue Diözesanverfassung anbefohlen. Die Zahl der Bistümer sollte von vier auf zwanzig erhöht werden, eine Maßnahme, die auf einmütigen Widerstand stieß. Auch Margareta sprach sich dagegen aus.

Als Urheber der Neuregelung galt Granvelle. Der ständischen Opposition gelang es mit Unterstützung der Statthalterin, dem König die Abberufung des ungeliebten Kirchenmannes und Ratgebers abzuringen.

Margareta war erleichtert. Jetzt hatte sie sich von der Bevormundung durch den Kardinal freigespielt. Sie fühlte sich nun unabhängiger und unternahm alle Anstrengungen, jene Popularität zurückzugewinnen, der sie sich bei Antritt ihres Amtes erfreut hatte. Sie gab wieder Feste und Bankette, war fröhlich und guten Mutes. Zur freudigen Stimmung dieser Tage trug auch bei, dass Philipp II. für ihren Sohn Alexander Maria von Portugal als Braut erwählt hatte.
Die Vermählungsfeierlichkeiten fanden in Brüssel statt und gingen mit allen Anzeichen eines außergewöhnlichen gesellschaftlichen Ereignisses vor sich. Die Statthalterin scheute dafür keine Kosten. Acht volle Tage wurde getanzt, getafelt und pokuliert. Der ungeheure Aufwand und Prunk, die sie zur Schau stellte, lösten bei vielen Niederländern jedoch Missfallen und Verärgerung aus. Sie hielten es für unangebracht, angesichts der vielen Armen, die es vor allem auf dem flachen Land gab, einen solchen Luxus zu treiben. Margareta wischte die Kritik vom Tisch. Wenn man Derartiges noch nicht gesehen habe, äußerte sie herablassend, dann sei das eben damit zu erklären, dass noch keine Statthalterin der Niederlande einen Sohn verheiratet habe. Margareta fand nicht immer den richtigen Ton. Es mangelte ihr zuweilen an Fingerspitzengefühl.

Margaretas Hochstimmung zur Zeit der Hochzeitsfeierlichkeiten wurde bald wieder von der beschwerlichen Alltagsarbeit abgelöst und überschattet. Der selbstbewusste niederländische Adel beharrte auf seinen überkommenen Rechten, verlangte die Abschaffung der Inquisition, forderte die Einberufung der Generalstände. Margareta unterstützte diese Anliegen, riet dem König zum Einlenken.
Philipp II. hörte nicht auf seine Schwester, warf ihr vor, ihre Verantwortung nicht wahrzunehmen. Eine Vorsprache des Grafen Egmont am königlichen Hof blieb ergebnislos. Scharfe, zurechtweisende Dekrete des Königs reizten zu immer heftigeren Widerstand, verschlimmerten die angespannte Situation, verstärkten die antispanische Stimmung, schweißten die Oppositionsgruppen nur noch enger aneinander. Ein Adelsbund formierte sich, der im April 1566 der Regentin eine Petition mit den schon bekannten Forderungen über-

reichte. Die Statthalterin soll dabei in Tränen ausgebrochen sein. Einer ihrer Ratgeber, der sie beruhigen wollte, bezeichnete die Anführer als »gueux« – als Bettler. Das Wort »Geusen« sollte zur stolzen Selbstbezeichnung der niederländischen Opposition gegen die spanische Herrschaft werden.
Margareta leitete die Petition befürwortend an den König weiter und bestürmte ihn in geradezu leidenschaftlicher Weise, den Forderungen Gehör zu schenken. Philipp blieb ungerührt. Dem Papst ließ der fromme Herrscher die Mitteilung zukommen: »Bevor ich zulasse, dass der Religion und dem Dienst an Gott der kleinste Schaden zugefügt wird, möchte ich lieber alle meine Länder verlieren und hundert Leben, wenn ich sie besäße, denn ich habe nicht vor, ein Herrscher über Häretiker zu werden.«
Das Fass war voll und lief über. Im Sommer 1566 entlud sich in einigen flandrischen Orten und Städten die seit langem aufgestaute Spannung. Von aus Frankreich eingedrungenen calvinistischen Predigern aufgestachelt und angefeuert, zog ein fanatisierter, mit Äxten, Stricken und Leitern ausgerüsteter Pöbel durch die Straßen, drang in katholische Gotteshäuser ein und schlug krumm und klein, was er fort vorfand. Heiligenbilder wurden von den Wänden gerissen und zerfetzt, Altäre umgeworfen, das Kirchengestühl zerhackt, Vitrinen aufgebrochen und ausgeraubt, Glocken, Kelche, Monstranzen und Reliquien wurden zertrümmert, Kirchengewänder zerschnitten. Der Ausbruch der Gewalt, der bald auch auf Brabant übergriff und das Land in ein regelrechtes Chaos stürzte, ist als »Bildersturm« in die Geschichte eingegangen.
Die Statthalterin, ohnehin nicht bei bester Gesundheit – »Ihre Hoheit«, berichtete einer ihrer Ratgeber im Juli 1566, »musste vier Tage lang das Bett hüten« –, war um ihre Lage nicht zu beneiden. Was sollte sie tun? Einlenken? Verhandeln? Sie entschied sich für Letzteres. Und auch dafür, dem König lange Briefe zu schreiben, in denen sie ihm den Zustand des Landes und ihre eigene Seelenpein vor Augen stellte. Wegen der Heftigkeit der Ereignisse und der allgemeinen Desorganisation habe sie nicht energisch durchgreifen können, argumentierte sie. Mehrere Tage habe sie versucht, dem Druck stand-

zuhalten, aber sie sei krank, sie habe Herzbeschwerden. Ihr Vertreter aus italienischen Tagen, Francesco Marchi, notierte: »Ich glaube nicht, dass Ihre Hoheit mehr als vier Stunden schläft. Bis 23 Uhr liest sie und diktiert Briefe. Um drei Uhr früh steht sie auf, liest und schreibt, besucht die Messe, hält bis Mittag Sitzungen ab, nimmt das Mittagmahl ein und geht dann bis spätabends wieder ihrer Arbeit nach.« Und das gehe so Tag für Tag.

Philipp II. war von den Nachrichten über die Revolte in den Niederlanden tief erschüttert. »Sie lasten auf meiner Seele, ich leide unter ihnen«, merkte er in einer Aktennotiz an. Er konnte und wollte diese Rebellion nicht dulden. Die königliche Autorität und die Ruhe im Lande müsse mit harter Hand wiederhergestellt werden – davon war er zutiefst überzeugt. Das war mit sanfteren Mitteln der Statthalterin allerdings in der Zwischenzeit bereits gelungen. Margareta plädierte dafür, die Rädelsführer des Bildersturmes strengstens zu bestrafen, im Übrigen aber Milde und Verständnis walten zu lassen. Der königliche Halbbruder schlug ihre klugen Vorschläge in den Wind. Er hatte sich längst dafür entschieden, mit militärischer Gewalt einzugreifen, die Waffen sprechen zu lassen. Den Oberbefehl über die Armee übertrug er dem 60-jährigen General und Staatsmann Fernando Alvarez de Toledo, Herzog von Alba, dessen eiserne Hand bekannt war.

Margareta war außer sich, als sie davon Kenntnis erhielt. Mit leidenschaftlicher Vehemenz und Offenheit beschwor sie den König, seine Entscheidung zurückzunehmen. Sie habe ihre Gesundheit im Dienste des Bruders geopfert, klagte sie, und drohte mit Rücktritt. Ihre Einwände waren vergeblich.

Die spanische Armee setzte sich Ende Mai 1567 von Oberitalien aus in Bewegung und erreichte nach dreimonatigem Marsch durch halb Europa die Niederlande. Alba präsentierte sich mit seiner Leibwache am 22. August der Statthalterin in ihrem Palais. »Margareta ging ihm ein paar Schritte entgegen«, berichtet ein Augenzeuge. »Sie empfing ihn mit Wohlwollen. Er wirkte hager, gallig und ernst.«

Die Begrüßung durch Graf Egmont und die anderen Herren, die sich bei der Regentin eingefunden hatten, war frostig.

Vier Tage später fand zwischen Margareta und dem Herzog ein mehrstündiges Gespräch statt. Dabei stellte sich heraus, dass Alba vom König Vollmachten erhalten hatte, die ihre Rechte empfindlich beschnitten. Die Statthalterin wurde dadurch praktisch entmachtet. Sie sollte nur dazu benutzt werden, die Maßnahmen, die der König seinem getreuen Diener anbefohlen hatte, mit ihrem Namen zu decken. Dazu war sie aber nicht bereit.
Alba erfüllte seinen Auftrag mit List und blutiger Härte. Er lockte Egmont und Hoorne in einen Hinterhalt und ließ sie verhaften. Die beiden wurden am 5. Juni 1568 in Brüssel öffentlich hingerichtet. Wilhelm von Oranien war zeitgerecht geflohen und entging auf diese Weise diesem grausamen Schicksal. Herzog Alba liquidierte die Gegner der spanischen Herrschaft mit brutaler, rücksichtsloser Entschlossenheit. Seiner Strafjustiz fielen Tausende niederländische »Geusen« zum Opfer, Zehntausende verließen das Land und fanden in England und anderswo eine neue Heimat.
Die grausame Härte Albas blieb unbelohnt. Er wurde von König abberufen, die heutigen Niederlande sagten sich im Jahre 1581 von der spanischen Herrschaft los.
Und wie verhielt sich die Statthalterin in dieser Zeit? Sie plädierte in zahlreichen Briefen an den königlichen Halbbruder eindringlich und leidenschaftlich für Milde und Erbarmen. Es war vergebens. Sie konnte die schreckliche Blutspur, die die spanische Armee im Lande zog, nicht verhindern. Immer dringender und ungestümer verlangte sie von Philipp ihre Abberufung, die ihr nach längerem Drängen schließlich gewährt wurde. »Ich möchte es nicht unterlassen«, teilte ihr der König in dem Schreiben mit, in dem er dieser Bitte entsprach, »Ihnen für die viele Arbeit und die große Mühe zu danken, die Sie auf sich genommen haben, sowie für die Klugheit und Geschicklichkeit und die guten Dienste, die Sie mir zu meiner außerordentlichen Zufriedenheit erwiesen haben.« Das bürokratische Wortgeklimper klang ein wenig nach Hohn.

Margareta, die von Ende September bis Ende Oktober 1567 krank darniederlag, setzte nach ihrer Genesung sofort alle Hebel für ihre

Rückkehr nach Italien in Bewegung. Eine Deputation der Generalstände, die bei ihr vorsprach, um sie zum Bleiben zu überreden, wurde abschlägig beschieden. Dann nahm Margareta Abschied von ihrem Geburtsland, dessen Regentin sie acht Jahre lang gewesen war. Am 30. Dezember 1567 verließ sie Brüssel, von 500 Armbrustschützen eskortiert, die unter dem Kommando des Grafen Ernst Peter Mansfeld standen. Der Graf hatte ihr während des Bildersturmes treue Dienste geleistet.

»Die Leute beweinen die Abreise Ihrer Hoheit«, notierte der ihr ergebene Francesco Marchi. »Sie mögen begriffen haben, was sie an der Regentin verloren, und geahnt, was ihnen noch alles bevorstand.«

Über Luxemburg, durch Lothringen und die Schweiz, über den St.-Gotthard-Pass und durch das Tessin ging es nach Süden. Der Winter setzte Margareta und ihrer Begleitung hart zu. Die Wege waren zugeschneit und vereist, die beißende Kälte fraß sich in die Glieder, der wolkenverhangene Himmel nagte an der Seele.

Nach einem kurzen Aufenthalt in Mailand und in Piacenza traf die Reisegesellschaft im Februar 1568 in Parma ein, wo der Herzogin nach ihrer langen Abwesenheit ein freudiger Empfang bereitet wurde. In Parma gab es ein Wiedersehen mit ihrem Sohn, von dessen blendendem Aussehen und höfischen Manieren sie angenehm überrascht war. Die portugiesische Schwiegertochter und ihre kleine Enkelin, die ihren Namen trug, hießen sie jedenfalls willkommen.

Mit ihrem Gemahl verband sie kaum noch etwas. Margareta und Ottavio waren nur noch auf dem Papier Mann und Frau.

Die Herzogin, die die Last der Statthalterschaft abgeschüttelt hatte, nahm im »Palazzo de Giardino« vorübergehend Quartier. Dann verlegte sie ihre Residenz wieder nach Piacenza. Sie verbrachte dort die Sommermonate, unterhielt mit den Freunden in Flandern einen regen Briefwechsel und verfolgte interessiert das politische Geschehen im Herzen Europas.

Im September 1568 fasste sie den Entschluss, den Besitzungen in den Abruzzen, die ihr der Kaiser anlässlich ihrer Heirat mit Alessandro de'Medici zum Geschenk gemacht hatte, einen Besuch abzustatten. Es waren ein paar kleine Bergdörfer und Städte, die zu ihrem Herrschaftsbereich gehörten: Civita di Penne, Montereale, Civita Ducale, L'Aquila, um ein paar zu nennen, Namen, die auch heute selbst dem Italienkenner nicht viel bedeuten. Sie hatte diese Orte und die unwirtliche Gegend, in der sie liegen, noch nie gesehen. Sie wollte sie kennen lernen. Trotz der Strapazen, die zu erwarten waren, und der Gefahren, die überall lauerten, brach sie mit einem kleinen Gefolge, zu dem auch der getreue Francesco Marchi gehörte, dorthin auf. Einladend waren diese Ansiedlungen nicht und es gab auch kaum ein Gebäude, das sich als Residenz geeignet hätte. Das sah Margareta auf den ersten Blick. Trotzdem entschloss sie sich zu bleiben. Die eigenwillige Kaisertochter verbrachte das nächste Jahrzehnt ihres Lebens zunächst in Civita Ducale, später in L' Aquila, der wichtigsten Stadt in der Region.

Über ihre Beweggründe kann man nur rätseln. Wollte sie, fernab vom Trubel der Weltgeschichte, der ihr so schwer zugesetzt hatte, ein stilles und zurückgezogenes, aber freies und selbstständiges Leben führen? Träumte sie von einem unabhängigen Abruzzenstaat (das Gebiet gehörte zum Königreich Neapel)? Wollte sie wie Caesar in der einsamen Bergwelt Mittelitaliens lieber die Erste sein als anderswo die Zweite? Wir wissen es nicht.

Das Leben bot wenig Abwechslung, ein Tag nach dem anderen versickerte in Monotonie. Margareta, die eine unermüdliche Briefschreiberin war, führte mit vielen Persönlichkeiten eine rege Korrespondenz und war trotz ihrer Abgeschiedenheit über die wesentlichsten Vorgänge in Europa gut informiert. Sie ließ das Straßenräuberunwesen bekämpfen und ergriff Maßnahmen zur wirtschaftlichen Besserstellung der gesamten Region. Druckereien entstanden, Korn- und Papiermühlen wurden errichtet.

Der trübe Alltag wurde gelegentlich durch Besuche von nahen Verwandten unterbrochen. So hielt sich etwa Alexander Farnese etliche Male in der Abruzzenresidenz Margaretas auf. Mutter und Sohn gingen dann gemeinsam auf die Jagd – in den Abruzzen gab es damals noch Braunbären, Wölfe, Gämsen und Luchse – und führten angeregte private und politische Gespräche.

Zu Beginn des Jahres 1573 kam Don Juan d'Austria nach L'Aquila. Don Juan war der uneheliche Sohn Kaiser Karls V. mit der Regensburger Bürgerstochter Barbara Blomberg. Am 24. Februar 1547 geboren, war er von Pflegeeltern und später am spanischen Hof erzogen worden. Er war für eine geistliche Laufbahn bestimmt. Philipp II. erfüllte ihm jedoch den Wunsch nach einer militärischen Karriere. Nach einer kurzen Ausbildung im Seedienst und einigen Waffenerfolgen ernannte ihn der Halbbruder zum Oberbefehlshaber der spanischen Flotte. Als solcher errang er 1571 bei Lepanto in der letzten Galeerenschlacht der Seegeschichte einen glänzenden Sieg über die türkische Flotte, der der osmanischen Vorherrschaft im Mittelmeer ein Ende bereitete. Dem jungen Prinzen ging also der Ruf eines Seehelden voraus, als er die beschwerliche Reise in die Abruzzen antrat.

Die beiden unehelichen Kinder Karls V. kannten einander nicht. Umso mehr freuten sie sich über diese erste Begegnung. Margareta empfing ihren um ein Vierteljahrhundert jüngeren Halbbruder mit allem nur erdenklichen Prunk, gab Konzerte und organisierte Feste, Gastmähler und Tanzveranstaltungen.

Trotz des großen Altersunterschiedes verstanden die beiden einander vom ersten Augenblick an bestens. Don Juan breitete sein kurzes, aber spannungsgeladenes und ereignisreiches Leben vor der Schwester aus und ließ sie in sein Herz schauen, Margareta gab dem Jüngeren Ratschläge, die auf weiser Lebenserfahrung gegründet waren. Am Tag nach der Abreise, die am 19. Februar 1573 erfolgte, bedankte sich der junge ritterliche Mann in einem Schreiben für die erwiesene Gastfreundschaft. Es schmerze ihn, führte er darin aus, dass er sie habe verlassen müssen, und dieser Gram werde anhalten, zumal er nicht hoffen könne, ihr noch einmal die Hand zu küssen. Es war eine zu pessimistische Zukunftssicht.

Zwei Jahre später war er noch einmal bei Margareta zu Gast. Jetzt sahen die Geschwister tatsächlich einander zum letzten Mal. Sie blieben jedoch in den Jahren danach, in denen Don Juan als Statthalter der Niederlande schwere Zeiten durchmachte, in ständiger brieflicher Verbindung. Der intelligente, edelmütige Sohn Kaiser

Karls V. starb einen frühen (mysteriösen) Tod. Er schied am 1. Oktober 1578 einunddreißigjährig aus dem Leben.
Der Tod ihres Halbbruders traf Margareta schwer. »Ich stehe unter Schock«, schrieb sie an Philipp II., der vom Eskorial aus weiter seine politischen und religiösen Fäden spann, »ich bin erschüttert über diesen Verlust, schmerzbetäubt.«

In den Niederlanden versuchte nun über Weisung aus Madrid Margaretas Sohn, Alexander Farnese, sein Glück. Mit großem diplomatischem Geschick gelang es ihm, militärische und politische Erfolge zu erzielen und die Position des Königs zu festigen. Philipp II. fasste nun den Entschluss, in seinen niederländischen Provinzen die zivile Gewalt von der militärischen zu trennen. Er unterbreitete Margareta diesen Plan und machte ihr den Vorschlag, gemeinsam mit ihrem Sohn zur endgültigen Befriedung der Niederlande beizutragen.
Margareta erbat sich Bedenkzeit. Sie war krank, die Gicht plagte sie. An ihrem Hof lebten zudem zwei minderjährige Kinder, zu deren Unterhalt sie sich verpflichtet hatte: die sechsjährige Johanna, die Tochter Don Juans d'Austria, und die zwölfjährige Margareta, deren Erziehung ihr der Sohn anvertraut hatte. Die königliche Einladung, die ein wenig nach Aufforderung klang, wollte gut überlegt sein. Sie kannte das Land aus langjähriger Anschauung, sie konnte ihrem Halbbruder zweifellos gute Dienste leisten. Aber sie war jetzt immerhin 58 Jahre alt und die lange Reise würde ihrer angeschlagenen Gesundheit sicherlich zusetzen.
Margareta wog Für und Wider gegeneinander ab und unterwarf sich dann dem Willen des Königs. Sie überantwortete die Betreuung Johannas einem neapolitanischen Kloster. Margareta nahm sie auf die Reise mit, die sie am 16. März 1580 antrat.
Man kam nur langsam voran. Vier volle Monate dauerte es, ehe sie am Ziel anlangte, und schon die erste Begegnung mit ihrem Sohn in Namur war eine herbe Enttäuschung. Alexander war ehrgeizig. Die Mission der Mutter ging ihm gegen den Strich. Finsteren Blickes, aber mit höflichen Worten teilte er Margareta mit, dass er unter den gegebenen Umständen dem König seinen Rücktritt anbieten wolle.

Margareta war konsterniert. So hatte sie sich das Wiedersehen und die Zusammenarbeit nicht vorgestellt. Sie schüttete bei Granvelle, mit dem sie sich längst wieder versöhnt hatte, ihr Herz aus, Alexander teilte seine Bedenken und Sorgen dem König mit. Die militärische Situation sei schwierig, schrieb er ihm, es fehle an allen Ecken und Enden an Geld, die Soldaten litten Hunger, die Städte lägen in Schutt und Asche. Es sei unmöglich, dass die Mutter ihm vorgesetzt werde.

Das Zerwürfnis zwischen Mutter und Sohn brachte Philipp II. in eine unangenehme Lage. Er musste eine Entscheidung treffen. Sie fiel zugunsten Alexanders aus, der zum Statthalter und Generalkapitän der Niederlande ernannt wurde. Margareta bat der Bruder in den Niederlanden zu bleiben. Sie sei ein Garant für Milde und Barmherzigkeit.

Die Schmeichelei verfing nicht. Nach einer langen und letzten Begegnung mit Alexander, den sie nicht mehr wieder sah, trat Margareta am 14. September 1583 die Rückreise an. Der getreue Mansfeld gab ihr mit zwei Kompanien berittener Arkebusiere wieder das Geleit. Ende Oktober traf sie in Parma ein, wo sie nach langer Zeit ihren Gemahl wieder sah. Er war alt geworden und grau, ein Schatten seiner selbst.

Margareta hielt sich nur vier Tage in Parma auf. Dann reiste sie nach Ortona weiter. In der adriatischen Hafenstadt südlich von Pescara wollte sie in Hinkunft die Wintermonate verbringen. Das dortige milde Klima war ihrer Gesundheit zuträglicher als die raue Bergluft der Abruzzen.

In Ortona gab es für sie und ihr kleines Gefolge kein geeignetes Gebäude. Margareta gab daher dem römischen Architekten Giacomo della Porta den Auftrag zum Bau eines Palastes, dessen Grundsteinlegung im März 1584 stattfand. Bis zur Fertigstellung, die sie freilich nicht mehr erlebte, bewohnte sie ein Palais im Zentrum der Stadt, die Sommermonate verbrachte sie in L'Aquila.

Obwohl sie nicht mehr voll bei Kräften war, blieb die einstens so energische Habsburgerin nicht untätig. Sie kümmerte sich wie ehedem um die Verwaltung ihres Herrschaftsbereiches, stattete den

Dörfern und Städten, die dazu gehörten, Kurzbesuche ab, stand in Kontakt mit den Behörden, sprach mit den Untertanen über deren Los. Auch ihre umfassende Korrespondenz führte sie weiter. Die freudigste Mitteilung in diesen Tagen erhielt sie von Philipp II., der ihr kundtat, dass er sich entschlossen habe, die spanische Besatzung aus Piacenza abzuziehen, die zu ihrem Ärger dort jahrzehntelang stationiert gewesen war. Diese frohe Botschaft war ein Freudenstrahl im Herbst ihres Lebens.

Margaretas Gesundheitszustand verschlimmerte sich von Jahr zu Jahr, von Monat zu Monat. Atemnot und Fieberanfälle plagten sie, sie war ohne Appetit und erbrach, was sie zu sich nahm. Offenbar litt sie an einem Unterleibstumor. Die Ärzte vermochten ihr nicht zu helfen, ihre Schmerzen kaum zu lindern.

Als die Kaisertochter den Tod herannahen sah, diktierte sie am Krankenbett ihr Testament. Sie bestimmte darin ihren Sohn zum Haupterben, vergaß jedoch auf keinen ihrer Bediensteten, die sie mit angemessenen Legaten bedachte. Auch für ihr Seelenheil sorgte die fromme Frau vor. 2000 Gulden bestimmte sie für die Messen, die zu ihrem Gedenken gelesen werden sollten. Ihr Vermögen, das aus Häusern, wertvollem Schmuck, kostbarem Mobilar und vielerlei Kunstgegenständen bestand, war beträchtlich.

Am 3. Januar 1586 verlangte Margareta nach dem Empfang der heiligen Kommunion und erhielt bei klarem Bewusstsein die Letzte Ölung. Am 18. Januar starb sie im Alter von 63 Jahren. Ihr Gemahl Ottavio Farnese, dessen Besuch sie am Totenbett abgelehnt hatte, schied drei Monate später aus dem Leben. So hatten die beiden Eheleute, deren Herzen nie zueinander gefunden hatten, fast gleichzeitig den Tod gefunden.

Margareta von Parma, die Tochter eines Kaisers aus der kurzen Vereinigung mit einer einfachen Magd, wurde ihrem Wunsch gemäß in der Benediktinerkirche San Sisto in Piacenza beigesetzt. Dort steht noch heute ihr Sarkophag. Der schlichte Sarg lässt kaum auf das wechselvolle Leben und das mutige Wirken der Frau schließen, die darin bestattet ist.

Marie Antoinette
Königin von Frankreich

Maria Theresias Unglückskind

Geboren am 2. November 1755 in Wien
Enthauptet am 16. Oktober 1793 in Paris
Verheiratet mit
Ludwig XVI., König von Frankreich

Von den sechzehn Kindern der gebärfreudigen Maria Theresia war sie die jüngste Tochter, das verwöhnte Nesthäkchen. Am 2. November 1755 geboren, auf den Namen Maria Antonia getauft und in der Familie Antonia gerufen, wurde die lebhafte, temperamentvolle Erzherzogin von ihren Kindermädchen und -frauen und ihren Gouvernanten nach allen Regeln der Kunst verhätschelt. Man packte sie mit Samthandschuhen an, sah ihr vieles nach, ließ sie gewähren. Und so verbrachte das hübsche, anmutige Mädchen eine verhältnismäßig ungezwungene Kindheit, obwohl die Mutter in der Erziehung auf Strenge hielt, auf Frömmigkeit, Gehorsam und Disziplin. Von ihren Herrscherpflichten voll und ganz in Anspruch genommen, konnte sich die Kaiserin aber natürlich um ihre zahlreiche Kinderschar nicht bis in jedes kleinste Detail kümmern.

Die kleine Erzherzogin erhielt wie ihre ältere Schwester einen keineswegs umfassenden und schon gar keinen in die Tiefe gehenden Unterricht. Sie wurde zwar von Christoph Willibald Gluck in Musik unterwiesen und kein Geringerer als der kaiserliche Hofdichter Pietro Metastasio brachte ihr Italienisch bei, aber ihre Ausbildung blieb mangelhaft und ihre Bildung oberflächlich. Offenbar gelang es der munteren, durchaus begabten Erzherzogin immer wieder, den Unterrichtsstunden zu entwischen und ihre Lehrer mit liebenswürdiger Raffinesse um den Finger zu wickeln. Maria Antonia fasste leicht auf, aber sie war unaufmerksam, verspielt und zeigte wenig Neigung, sich mit einer Sache ernsthaft zu beschäftigen. Für Studien und Bücher hatte sie nichts, aber auch schon gar nichts übrig. Viel lieber tollte sie mit den Geschwistern in den Zimmern und Gartenanlagen der kaiserlichen Schlösser umher, vergnügte sie sich bei Spiel und Spaß. Für Unterhaltung und Tändeleien hatte diese Tochter Maria Theresias schon von klein auf eine spezielle Neigung.

Maria Theresia registrierte die Bildungslücken ihrer jüngsten Tochter erst dann, als der französische König Ludwig XV. die Erzherzogin für seinen Enkel, der ihm nachfolgen sollte, als mögliche Gemahlin in Betracht zu ziehen begann. Eine Heirat an den Bourbonenhof in Versailles, eine Festigung der dynastischen Beziehungen zwischen Frankreich und Österreich entsprachen ganz den Plänen

und Absichten der Kaiserin. Sogleich leitete Maria Theresia Schritte ein, um die Ausbildung Maria Antonias zu vertiefen. Die Zeit drängte. Vor allem musste die Erzherzogin ihr Französisch vervollkommnen, da sie weder akzentfrei sprechen, geschweige denn orthografisch richtig schreiben konnte.
Ludwig XV. war höchst indigniert, als man es ihm berichtete. Sein Missmut war verständlich. Französisch war im 18. Jahrhundert nicht nur die Gelehrtensprache, sondern auch die Sprache der Diplomaten, die Umgangssprache der gebildeten Schichten und der Höfe. Selbst der Preußenkönig Friedrich II. parlierte französisch und fasste seine Korrespondenz in französischer Sprache ab.
Eilends wurde für die künftige Dauphine ein Lehrer gesucht. Die Wahl fiel auf einen Geistlichen, auf Abbé Mathieu-Jacques Vermond, einen achtbaren Mann in den Vierzigern, der in seiner Person eine gediegene philosophische Bildung mit angeborenen pädagogischen Fähigkeiten vereinte. Ihm wurde der berühmte Tanzmeister Jean-Georges Noverre zur Seite gestellt, dem eine wesentlich leichtere Aufgabe zuteil wurde. Er sollte der vierzehnjährigen Erzherzogin die am französischen Hof bevorzugten Tänze beibringen und dazu noch die Verbeugungen, Knickse und Redewendungen, auf die man in Versailles Wert legte. Die höfische Etikette wurde dort streng gehandhabt und mit peinlicher Genauigkeit eingehalten. Noverre brachte Maria Antonia jene Anmut und Eleganz der Bewegungen bei, jenen federnden Schritt und bezaubernden leichten Gang, den ihre Verehrer so an ihr bewunderten und ihre Gegner so provokant fanden. Schließlich waren auch noch ein französischer Zahnarzt, französische Schneider und Friseure am Werk, um aus der jungen, unfertigen Erzherzogin, zumindest äußerlich, eine Dame von Eleganz zu machen – eine Madame.
Der mit erzieherischen Aufgaben betraute Vermond ging behutsam, aber zielstrebig ans Werk. Er erkannte schon nach der ersten Lektion, dass sein Schützling eine rasche Auffassungsgabe besaß, intelligent und charmant, aber verspielt war und oberflächlich. »Sie hat mehr Fantasie, als man ihr zugesteht«, schrieb er in einem seiner frühesten Berichte. »Leider wurde bisher kein Versuch unternom-

men, ihren Geist zu schulen, und ein gewisses Maß an Trägheit und viel Leichtfertigkeit erschweren meine Aufgabe. Sie hört einem zu, wenn ihr ein Gegenstand klar erläutert wird, und zeigt ein sehr gutes Urteil. Aber sie gibt sich nicht die geringste Mühe, selbst irgendwelche Gedanken darzulegen, obwohl ich den Eindruck habe, dass sie dazu durchaus imstande wäre.«

Der Abbé gewann mit viel pädagogischem Geschick die Zuneigung dieser eigenwilligen Tochter Maria Theresias. Er machte aus Maria Antonia eine Marie Antoinette, aus einer Erzherzogin eine Dauphine. Staatskanzler Wenzel Fürst Kaunitz, der eifrige Befürworter einer ehelichen Verbindung zwischen den Häusern Habsburg und Bourbon, staunte nicht wenig, als er bei einem Sommerfest im Schloss Laxenburg die Früchte der Erziehungsarbeit Vermonds leibhaftig vor sich sah. Die Erzherzogin hatte, seit er ihr zum letzten Mal begegnet war, riesige Fortschritte gemacht. Sie wirkte über ihr Alter hinaus gereift. Ihr Französisch war deutlich verbessert, ihre Konversation nicht mehr so seicht wie früher. Die Vierzehnjährige schien wie verwandelt. Doch das war nur Schein. In ihrem Inneren sah es anders aus. Seelisch war sie nach wie vor unreif, unausgeglichen und unsicher. Fürst Kaunitz, den Maria Theresia über alles schätzte und dem sie alles verzieh, selbst seine ausgefallensten Schrullen und Launen, hatte zwar einen scharfen staatsmännischen Blick, die Seele einer Vierzehnjährigen aber war für ihn eine Terra incognita.

Im Juni 1769 hielt Ludwig XV. in Wien offiziell um die Hand Marie Antoinettes an. Maria Theresia war überglücklich, als sie das königliche Schreiben in Händen hatte. Ihre bejahende Antwort kam prompt und umgehend. Als Hochzeitstermin wurde der Mai 1770 in Aussicht genommen.

Nun, da die Entscheidung gefallen war, liefen an beiden Höfen die Hochzeitsvorbereitungen voll an. Unzählige Protokollfragen waren zu besprechen, zu klären und zu lösen. Die Ausstattung der Braut musste bis ins kleinste Detail festgelegt, der Hochzeitszug zusammengestellt werden. Die Etikette, die das höfische Leben in der Barockzeit maßgeblich bestimmte, feierte wahre Triumphe. Alles war genau geregelt, jeder Schritt, jede Bewegung, jede Geste exakt vorgegeben. Wer wie wo sitzen, gehen und stehen darf, wem bei dieser und jener Veranstaltung der Vortritt gebührt, wie viele Bücklinge man da und dort vor wem zu machen hat, dies und vieles andere mehr unterlag unverrückbaren Normen und Regelungen. Und wehe dem, der dagegen verstieß! Ein solcher Fauxpas konnte schwere Verstimmungen auslösen und ungeahnte Folgen haben. Kein Wunder, dass in den Staatskanzleien in Paris und Wien die Köpfe rauchten und die diesbezüglichen Verhandlungen viel Zeit und Geduld erforderten. Schließlich konnten alle Probleme und Streitpunkte doch einvernehmlich gelöst werden.

In der Frage der Aussteuer für ihre jüngste Tochter ließ sich Maria Theresia nicht lumpen. Sie legte dafür den enormen Betrag von 400 000 Dukaten aus, eine Summe, die in Anbetracht der maroden Staatsfinanzen – der Siebenjährige Krieg (1756–1763) hatte Riesensummen verschlungen – als gewaltig zu bezeichnen ist.

Aber auch Ludwig XV. griff tief in die Tasche. Der Brautwerber des Dauphins, Marquis de Durfort, zog am 15. April 1770 mit einem so prachtvollen Gefolge in der Donaumetropole ein, dass die Wiener aus dem Staunen nicht herauskamen. 48 von je 6 Schimmeln gezogene Prunkkarossen, die von Gardereitern in mit goldenen Lilien bestickten Uniformen und Lakaien begleitet wurden, insgesamt 117 Personen an der Zahl, bahnten sich durch das Kärntnertor den Weg in die Hofburg. Durfort wurde dort feierlich empfangen und überreichte der Braut einen Brief und eine in Diamanten gefasste Miniatur ihres künftigen Gemahls.

Der Dauphin, der etwas mehr als ein Jahr älter war als Marie Antoinette, war ein schmächtiger, linkischer Jüngling, der aus kurzsichtigen blauen Augen ängstlich und mürrisch in die Welt blickte. Auf dem Bildnis war davon natürlich nichts zu sehen. Der Hofmaler hatte sich alle Mühe gegeben, den Bräutigam möglichst vorteilhaft darzustellen. Ob die Miniatur auf die junge Braut einen günstigen Eindruck hinterließ, ist nicht überliefert. Es hätte ohnehin nichts geändert. Das Schicksal Marie Antoinettes stand fest.

Nach dem Einzug der französischen Brautwerberequipe reihte sich

in der Kaiserstadt Ereignis an Ereignis, Fest an Fest. Durfort, zum Außerordentlichen Gesandten ernannt, lud zu einem Empfang in das Palais Liechtenstein, Kaiser Josef II. veranstaltete im Belvedere einen Maskenball, an dem 3000 Personen teilnahmen. Es war ein glanzvolles Fest, bei dem die kleine, verwöhnte Erzherzogin eine recht gute Figur machte.
Die Trauung per procurationem am 19. April 1770 fand selbstverständlich in der Augustinerkirche statt und wurde vom päpstlichen Nuntius vorgenommen. Das Glockengeläute der Wiener Kirchen und Kanonendonner verkündeten der Bevölkerung das freudige Ereignis. Der folgende Tag diente den Reisevorbereitungen. Dann nahm die Kaisertochter schweren Herzens Abschied von ihrer Familie und ihrer Heimatstadt.
Es war ein gewaltiger Zug von Karossen, der an einem Frühlingstag des Jahres 1770 von der kaiserlichen Haupt- und Residenzstadt nach Westen aufbrach. Marie Antoinette wurde von einem riesigen Tross, von Hofdamen, Pagen und anderen Bedienten begleitet. Zum Gefolge gehörten aber auch ein Priester, ein Arzt und einige Ratgeber, wie etwa Obersthofmeister Graf Anton Schaffgotsch, Georg Adam Fürst Windischgraetz und ihr Lehrer Abbé Vermond. Maria Theresia, die ihre Tochter nie mehr sehen sollte, gab der künftigen Königin von Frankreich »Verhaltensvorschriften – jeden Tag zu lesen« mit auf den Weg. Sie solle auch täglich mehrmals beten, wies die streng religiöse Monarchin sie an, die heilige Messe besuchen, an Marienfeiertagen zur Beichte und Kommunion gehen und keine Bücher lesen, ohne vorher die Zustimmung ihres Beichtvaters eingeholt zu haben. Dann folgten Anweisungen und Ermahnungen verschiedenster Art. Schließlich legte die Mutter der Tochter die Verpflichtung auf, ihr regelmäßig zu schreiben und sie über alle Vorgänge am französischen Königshof zu unterrichten. Die Briefe Marie Antoinettes und die Berichte des österreichischen Botschafters in Paris, des Grafen Florimond Mercy d'Argenteau, hielten Maria Theresia auf dem Laufenden und ermöglichten es ihr, aus der Ferne Einfluss auf das Verhalten und die Handlungen ihrer Tochter zu nehmen.

Das Reisen war im 18. Jahrhundert ausgesprochen mühsam und beschwerlich. Auf den wohl eigens instand gesetzten, aber dennoch holprigen, vom Regen aufgeweichten Straßen war der lange Reisezug durch Oberösterreich, Bayern und Süddeutschland unterwegs, ehe er die Ostgrenze Frankreichs erreichte. Im Niemandsland zwischen Frankreich und dem Heiligen Römischen Reich, auf einer Sandinsel im Rhein zwischen Kehl und Straßburg, erfolgte dann nach den Vorstellungen und Plänen der beiden Obersthofmeister in Versailles und Wien die feierliche Übergabe der Braut. Auf der kleinen Insel war ein reich mit Tapisserien behängter Pavillon aus Holz mit je zwei Räumen auf der rechts- und linksrheinischen Seite und einem großen Saal in der Mitte errichtet worden. Ein Tisch inmitten dieses Raumes symbolisierte die Grenzlinie zwischen den beiden Staaten. Auf der rechten Seite, gewissermaßen noch daheim, musste die Erzherzogin vor dem gesamten Gefolge ihre Kleider ablegen und wurde aus ihrem französischen Trousseau mit bestickten Unterhemden und Unterröcken und Seidenstrümpfen aus Lyon eingekleidet. Dann übergab sie der Brautführer, Fürst Starhemberg, den Tisch umschreitend, seinem französischen Amtskollegen. Das österreichische Hofpersonal blieb zurück, der französische Hofstab nahm die Vierzehnjährige in seiner Mitte auf. Aus der Tochter Maria Theresias, so wollte es die Etikette, war eine Französin geworden, die Dauphine, die Frau des Thronfolgers.

Nach der aufreibenden Zeremonie, bei der jede Geste und jede Bewegung exakt vorgeschrieben war und die dem bedauernswerten Geschöpf aus Wien äußerste Selbstbeherrschung abverlange, hielt Marie Antoinette mit ihrem neuen Gefolge Einzug in Straßburg. Die Stadt hatte Festschmuck angelegt. Als Willkommensgruß hatte die Stadtverwaltung Triumphbögen errichten lassen, die Häuser waren beflaggt, die Straßen von Tausenden Menschen gesäumt, die der bezaubernden, liebenswürdigen Dauphine zujubelten. Im bischöflichen Palais, wohin man sie fuhr, wurde Marie Antoinette nicht nur freundlich empfangen, sie musste dort an einem üppigen Festmahl teilnehmen, bei dem die angesehensten Bürger der Stadt um die reich gedeckten Tische standen und ihr beim Essen zusahen.

Es war ein kleiner Vorgeschmack auf die opulenten Diners und Soupers, die sie in Versailles erwarteten.
Am nächsten Morgen wurde in dem berühmten Straßburger Münster eine Messe zelebriert und dann ging die Reise weiter. Über Nancy, wo ihre lothringischen Verwandten die Dauphine herzlich begrüßten, Reims und Soissons erreichte der Hochzeitszug am 14. Mai 1770 den Wald von Compiègne. Ludwig XV. hatte sich persönlich dorthin begeben, um seine Schwiegerenkelin in Augenschein nehmen zu können. Der königliche Casanova, der trotz der 60 Jahre, die er auf dem Buckel hatte, für Frauenreize noch immer äußerst empfänglich war, wartete gespannt auf die Ankunft des sich nähernden Brautzuges. Als die Karosse mit der Dauphine anhielt, sprang Marie Antoinette behend aus dem Wagen, lief leichtfüßig auf den König zu und versank vor ihm in einem tiefen Hofknicks. Ludwig hatte mit raschem Kennerblick an dem jungen, anmutigen Mädchen Gefallen gefunden. Er bückte sich zu ihm hinunter, richtete es auf und küsste die hübsche, blondgelockte Braut seines Enkels auf beide Wangen. Der fünfzehnjährige Bräutigam sah zu, lächelte verlegen und drückte dann Antoinette steif und linkisch einen Kuss auf die Wange, wie es die Etikette vorschrieb.
Die Dauphine nahm in der Karosse zwischen dem König und ihrem künftigen Gemahl Platz. Der galante Monarch war bester Stimmung. Auf der Fahrt zum Schloss Compiègne verwickelte er die Kaisertochter aus Wien in eine vergnügliche Konversation, scherzte und lachte, indes sich der ungesellige Bräutigam in eine Ecke drückte und dort schweigend verharrte. Antoinette warf ab und zu einen raschen, verstohlenen Blick auf ihn. Das also war ihr zukünftiger Gemahl. Ein kleiner, gehemmter, pausbäckiger Knabe mit schiefen Zähnen und dem blinzelnden Blick des Kurzsichtigen. Sie hatte sich ihn anders vorgestellt.

Der 16. Mai 1770, der Tag, an dem die eigentliche Hochzeit stattfand, war ein schöner Frühlingstag. Die Luft war mild, die Sonne strahlte von einem tiefblauen Himmel. Es war zehn Uhr vormittags, als die Prachtkutsche der Dauphine die vergoldeten Tore von Versailles passierte. Die prachtvolle, weitläufige Schlossanlage, die sich Ludwig XIV., der Sonnenkönig, hatte errichten lassen, machte auf die Vierzehnjährige einen gewaltigen Eindruck. Schloss Schönbrunn, das sie von den Sommeraufenthalten der Mutter her kannte, war eindrucksvoll, Versailles aber war atemberaubend.

Marie Antoinette hatte nicht viel Zeit zum Staunen. Man führte sie in die für sie vorbereiteten Appartements und schon fielen die Zofen und Haarkünstler über sie her, um sie für das große Ereignis zurechtzumachen. Wie an einer Puppe wurde an ihr anprobiert, gebürstet und gekämmt, bis sie schließlich in einer Robe aus weißem Brokat mit langer silberner Schleppe am Arm des Dauphins ihren Platz an der Spitze des Zuges einnahm, der sich langsamen Schrittes durch zahlreiche Gemächer zur Schlosskapelle bewegte, wo die Trauungszeremonie stattfand. Der Erzbischof von Reims, der die Messe zelebrierte, segnete das Paar und salbte die Eheringe.

Nach der Unterzeichnung der Hochzeitsurkunde bewegte sich der Zug wieder in das Schloss zurück, wo die Dauphine den Treueid ihres Hofstaates entgegennahm und die ausländischen Botschafter empfing. Den Abschluss des Tages bildete ein prächtiges Hochzeitsmahl, bei dem der französische Königshof alle Register höfischer Prunkentfaltung zog. Tausende Kerzen tauchten die wunderbare Architektur des »salle de spectacle« in strahlendes Licht, 6000 ausgewählte adelige Gäste sahen zu, wie das Mahl aus vielerlei Gerichten aufgetischt und von den zweiundzwanzig Tafelnden zu Munde geführt wurde. Gedämpfte Musik schaffte Stimmung und Atmosphäre.

Marie Antoinette, der das Essensschauspiel nicht sonderlich behagte, hielt sich sichtlich zurück, während sich der Dauphin voll den Tafelfreuden widmete.

Nach der festlichen Völlerei geleiteten der König und sein Gefolge das kindliche Brautpaar in das Schlafgemach. Nach altem Ritual besprengte der Erzbischof von Reims zunächst das Bettlaken mit Weihwasser. Dann reichte Ludwig XV. seinem Enkel höchstpersönlich das seidene Nachthemd, während die Herzogin von Chartres der Dauphine in das Nachtgewand half. Die beiden Königskinder bestiegen hierauf das Himmelbett, die Hofgesellschaft zog sich

zurück. Die etwas mehr als vierzehnjährige Braut und ihr um ein Jahr älterer Bräutigam waren allein. Sie waren kirchlich getraut und hochoffiziell Mann und Braut – aber unreif und in der Liebe völlig unerfahren, wussten sie nichts miteinander anzufangen. Es gab keine Hochzeitsnacht, die Ehe wurde nicht vollzogen. Der nach dem üppigen Hochzeitsmahl mit erlesenen Speisen vollgestopfte Thronfolger kümmerte sich um seine Gemahlin überhaupt nicht. Er drehte sich zur Seite und schlief augenblicklich ein. Als die Dauphine am nächsten Morgen von ihrer Hofdame mit neugierigen Blicken geweckt wurde, frönte ihr Gemahl bereits seiner großen Leidenschaft: der Jagd. Sie bedeutete ihm weit mehr als körperliche Liebe.
Auch an den nächsten Tagen gingen die Hochzeitsfeierlichkeiten weiter. Ein Fest folgte auf das andere. Es gab Empfänge, Bälle, Theaterveranstaltungen. Den Abschluss bildete am 30. Mai 1770 ein riesiges Volksfest auf der heutigen Place de la Concorde, das mit einer Katastrophe endete. Bei der schlecht organisierten Veranstaltung kam es zu einer Massenpanik, die eine große Zahl an Todesopfern forderte. Das Unglück wurde vom Volk als ein böses Omen gewertet. Das Leben der Habsburgerin schien tatsächlich unter einem ungünstigen Stern zu stehen. Einen Tag vor ihrer Geburt, am 1. November 1755, hatte ein furchtbares Erdbeben binnen weniger Minuten in Lissabon 50 000 Menschen unter den Trümmern der Häuser begraben. Das Ereignis wurde deshalb mit ihr in Zusammenhang gebracht, weil der portugiesische König und seine Gemahlin ihre nominellen Taufpaten waren. Und nun hatte an einem markanten Einschnitt ihres Lebens abermals der Tod zugeschlagen.

Marie Antoinette fand sich in ihrer neuen Umgebung nur mühsam zurecht. In Versailles war für sie alles ungewohnt und auch alles anders als in Schönbrunn oder in der Hofburg. Die steife Etikette ließ überhaupt kein Privatleben zu. Die Tage flossen träge dahin, die Dauphine fühlte sich einsam und verlassen. Sie hatte kaum einen Menschen, dem sie sich anvertrauen konnte. Der König war zwar höflich, aber für sie natürlich kein Ansprechpartner. Der Einzige, dem sie ein wenig ihr Herz öffnen konnte, war ihr geliebter Abbé

Vermond. Mit ihm besprach sie ihre Sorgen, Ängste und Kümmernisse. Obwohl das unerfahrene Mädchen gerade in sexuellen Fragen dringend Rat gebraucht hätte, fand sich niemand, dem sie sich anvertrauen konnte. Der fünfzehnjährige Jüngling, mit dem sie verheiratet war, kümmerte sich um seine Gemahlin überhaupt nicht. Im Schlafzimmer des französischen Thronfolgerpaares tat sich nichts. Der Dauphin hatte kein Interesse am weiblichen Geschlecht. Man hatte ihn aus Gründen der Staatsräson viel zu früh in die Ehe gehetzt. Ludwig fühlte sich im ehelichen Schlafzimmer nicht wohl und mied es, so gut er konnte. Der Thronfolger erwies sich als impotent. Die halbwüchsige Gattin machte gute Miene zum bösen Spiel, die Mutter in Wien, die über jeden Schritt ihrer jüngsten Tochter bestens informiert wurde, war beunruhigt. Ihr Vertrauensmann am Versailler Hof, der kaiserliche Gesandte Florimond Mercy d'Argenteau, versuchte sie zu beruhigen. »Die Verspätung in der Natur von Monsieur le Dauphin hat keinerlei Auswirkungen«, schrieb er ihr. »In seiner Konstitution finden sich keinerlei Anzeichen, welche dagegen sprechen, dass er zu guter und stabiler Gesundheit gelangen wird, vorausgesetzt er vermeidet allzu gewaltsame Anstrengungen, welche schädlich für ihn sein könnten.« Der Dauphin verausgabte sich natürlich nicht bei der Arbeit, sondern bei Vergnügungen, vor allem bei der Jagd.
Die Ausführungen des Gesandten gaben nicht seine eigene Meinung wieder, es handelte sich dabei um die fachmännischen Ansichten der Ärzte des Königs.
Maria Theresia, die nicht müde wurde, Marie Antoinette Ratschläge zu erteilen, versprühte Lebensweisheiten. »Ich kann Ihnen nicht genug wiederholen: keine üble Laune deswegen«, ermutigte sie ihr in so jungen Jahren der Politik geopfertes Kind, »sondern Zärtlichkeiten und Schmeicheleien; denn zuviel Eifer würde alles verderben. Sanftmut und Geduld sind die einzigen Mittel, deren Sie sich bedienen dürfen. Es ist noch nichts verloren. Sie sind beide so jung: im Gegenteil, es ist für Ihrer beider Gesundheit nur besser. Sie kräftigen sich noch beide. Es ist aber natürlich, dass wir alte Eltern die Erfüllung wünschen.«

Vielleicht wünschte sich auch Marie Antoinette die Erfüllung, aber sie stellte sich nicht ein, obwohl sich der Dauphin seiner Gemahlin gegenüber zunehmend liebevoller benahm und durchaus willens war, seinen Mann zu stellen. Aber sosehr er sich auch bemühte, zur sexuellen Vereinigung war er nicht fähig. Am 17. Mai 1773, drei Jahre nach der Hochzeit, berichtete Antoinette, die der Mutter ihr Intimleben nicht vorenthielt: »Das Gerücht geht hier um, dass der Dauphin wirklich mein Gatte ist; aber es ist noch nichts davon wahr … es wird sich noch in die Länge ziehen. Sie können mir wohl glauben, meine teuere Mama, dass ich mit großer Freude und eiligst Ihnen einen so wichtigen Punkt melden würde; da ich alle Tage die Liebe spüre, die Sie für mich hegen.«

Ein knappes Vierteljahr später schien es so weit zu sein. Maria Theresia war überglücklich. Aber bald stellte sich heraus, dass es sich um eine Fehlmeldung gehandelt hatte. Das Zittern und Bangen ging weiter. Schließlich vertraute sich das Paar dem König an, dem die Ehemisere natürlich nicht verborgen geblieben war. Ludwig XV. beauftragte seinen Leibarzt, den Dauphin einer gründlichen Untersuchung zu unterziehen. Dabei stellte sich heraus, dass die mangelnde Manneskraft des Thronfolgers von einem kleinen organischen Defekt herrührte, einer Phimose, die durch einen kurzen chirurgischen Eingriff leicht zu beheben war. Der Dauphin konnte sich dazu allerdings nicht entschließen.

Das französische Thronfolgerpaar wurde zum Gespött halb Europas. An den Höfen raunte man sich hinter vorgehaltener Hand allerlei boshafte Vermutungen zu, im Volk kursierten die wildesten Gerüchte. Maria Theresia wurde von Schreiben zu Schreiben ungeduldiger, die Dauphine fühlte sich erniedrigt und gedemütigt.

Die langjährige eheliche Peinlichkeit des französischen Thronfolgerpaares war nicht nur eine private Tragödie, sie hatte natürlich auch eine politische Facette. Im 18. Jahrhundert war die Sicherung der männlichen Erbfolge gewissermaßen eine staatspolitische Notwendigkeit. Wer diese Aufgabe nicht erfüllen konnte, wurde nicht nur zum Gegenstand von allen möglichen politischen Überlegungen und Kombinationen, er wurde insgeheim auch noch verlacht und verspottet. Vor allem aber muss man bedenken, welche Auswirkungen der physiologische Notstand auf die Psyche des Königs gehabt und welche menschlichen Reaktionen er in der Königin ausgelöst hat. Die männliche Schwäche Ludwigs hatte Minderwertigkeitskomplexe zur Folge, die sich einerseits in einer eklatanten Entscheidungsschwäche, andererseits in übertriebener, seinem Charakter nicht entsprechender Kraftmeierei äußerten.

Das sexuelle Unvermögen ihres Gatten wirkte sich natürlich auch auf das seelische Befinden und die charakterliche Entwicklung Marie Antoinettes aus. Im Alter von fünfzehn Jahren, als sie nach Frankreich kam, wird ihr die körperliche Liebe des Gemahls wohl nicht gefehlt haben. Die reife, empfindungsfähige Frau hat darunter zweifellos gelitten.

Marie Antoinette blieb bis zu ihrem 22. Lebensjahr jungfräulich, wenn auch nicht unberührt. Ihr Ehegatte machte sich jahrelang an ihrem jungen Körper zu schaffen, versetzte sie in Erregung, ohne ein einziges zielführendes Ergebnis zustande zu bringen. Unter solchen Umständen würde sich heute jede Frau von ihrem Ehegatten trennen.

Der Königin von Frankreich stand eine solche Möglichkeit nicht offen. Eine Scheidung war undenkbar. Marie Antoinette musste ausharren. Ihre körperliche Unbefriedigtheit, ihre weibliche Sehnsucht, brauchte ein Ventil. Von Natur aus der oberflächlichen Zerstreuung zugeneigt, mied sie das eheliche Bett und stürzte sich kopfüber ins Vergnügen. Sie unterhielt sich, nicht selten in zweifelhafter Gesellschaft, bis zum Morgengrauen auf Bällen und Redouten, machte Schulden am Spieltisch, schloss Freundschaften mit zahlreichen Freundinnen, ließ sich auf kokette Begegnungen mit jungen Kavalieren ein und versuchte ihre innere seelische Leere mit unablässiger Betriebsamkeit zu übertönen. Mercy d'Argenteau schrieb verzweifelte Klagebriefe nach Wien. »Ihre Königliche Majestät«, berichtete er, »vergisst vollkommen ihre äußere Würde, die verschiedensten Arten des Vergnügens folgen einander mit solcher Geschwindigkeit, dass man nur mit größter Mühe einige Augenblicke findet, mit ihr von ernsten Dingen zu reden.«

Die nervöse Unrast, die Vergnügungs- und Verschwendungssucht der Königin wurden von der Öffentlichkeit mit Missbilligung registriert, die Fama machte aus jeder Mücke einen Elefanten. Jeder Kavalier, der Marie Antoinette auf einem ihrer zahlreichen Ausritte begleitete, wurde zum Liebhaber deklariert, jede Zusammenkunft mit einer Gruppe von Höflingen zur Orgie umgedeutet. Bald überschwemmten Pamphlete mit verleumderischen Behauptungen und obszönen Illustrationen das ganze Land. Die Königin kam in den Ruf einer lüsternen Nymphomanin. L'Autrichienne, die aus Österreich stammende, die fremdländische und fremde Monarchin, wurde im Laufe der Jahre zur bestgehassten Frau Frankreichs.

In den ersten Ehejahren Marie Antoinettes führte in Versailles, zumindest hinter den Kulissen, die Mätresse des Königs, Madame Dubarry, das große, entscheidende Wort. Der König, der seine letzte Manneskraft an ihr erprobte, erfüllte ihr jeden noch so extravaganten Wunsch. Die Dubarry vermochte Ludwig XV. zu allem zu bewegen. In ihrem Salon in Versailles, der durch eine Treppe mit dem Wohn- und Schlafzimmer des Königs verbunden war, wurde Politik gemacht. Sie erkor und stürzte Minister, flüsterte ihrem Liebhaber Entscheidungen von gewaltiger Tragweite ins Ohr, schwätzte ihm Höflinge auf und nahm ihm Unsummen Geldes ab. Kein Wunder, dass die zahlreichen Glücksritter und Postenjäger am Hof zu Versailles vor dieser Femme fatale ihre Bücklinge machten und ihr untertänigst die ringefunkelnden Hände küssten.
Marie Antoinette wusste bei und kurz nach ihrer Ankunft in Frankreich von der Dubarry überhaupt nichts. Aber sie wurde von den drei intriganten Töchtern des Königs bald ausführlich über deren Vorleben und über ihre Stellung bei Hof informiert. Und sogleich entwickelte sie eine ostentative Abneigung gegen sie. In einem ihrer ersten Briefe an die Mutter bezeichnete sie die Dubarry als das »dümmste und impertinenteste Geschöpf, das man sich vorstellen kann«. Daher hatte sie nichts dagegen einzuwenden, als ihr die Tanten einredeten, sie möge diese Person nach allen Regeln der Kunst ignorieren. Antoinette bekleidete nach ihrer Heirat als künftige Kö-

nigin trotz ihres jugendlichen Alters den höchsten weiblichen Rang bei Hof. Nach den ehernen Regeln der Etikette durfte in Versailles eine rangniedrigere Dame an eine ranghöhere niemals das Wort richten. Und eben da hakten die drei alten Jungfern ein. Die Dauphine solle die Dubarry nicht ansprechen und so tun, als ob sie nicht existiere.

Nichts konnte der naiven kleinen Wienerin am öden Versailler Königshof größeren Spaß bereiten als dieses Spielchen. Tag für Tag, Woche für Woche, Monat für Monat spazierte Marie Antoinette bei den täglichen Mahlzeiten, bei Empfängen und anderen höfischen Festen mit herausfordernder Nonchalance an Madame Dubarry vorbei, lächelte sie charmant an, würdigte sie aber keines Wortes. Natürlich blieb das Verhalten der Dauphine nicht unbemerkt und das neckische Spiel wurde allmählich peinlich. Wie lange würde sich die Dubarry dieses provokante Benehmen gefallen lassen? Das war die aufregende Frage, die die Gemüter der Hofgesellschaft bewegte. Die perlenbehängte Mätresse reagierte lange Zeit nicht darauf. Aber ihre Geduld hatte Grenzen. Als ihr der tägliche Nervenkitzel zuviel wurde, bedrängte sie den König, die unwürdige Farce abzustellen. Ludwig XV., dem nichts teurer war als seine Ruhe und sein Vergnügen, handelte: Er lud die Obersthofmeisterin der Dauphine zu einem Gespräch ein, in dessen Verlauf er wie nebenbei bemerkte, ihr Schützling wahre nicht so ganz den in Versailles üblichen Anstand. Sie möge Antoinette bei Gelegenheit darauf hinweisen.

Und nun setzte sich, wie beabsichtigt, eine Spirale in Bewegung. Die Obersthofmeisterin gab den königlichen Wink weiter, die Dauphine erzählte den Vorfall ihrem Beichtvater, dieser berichtete ihn dem Gesandten Mercy, der sofort Maria Theresia davon informierte. Die Regentin beauftragte unverzüglich ihren Staatskanzler Wenzel Anton Kaunitz mit der Aufgabe, Marie Antoinette auf eine Änderung ihres Verhaltens zu drängen.

Die Dauphine zeigte sich von den Überlegungen des Diplomaten unbeeindruckt. Das kindische Schauspiel am Hof zu Versailles ging weiter und wuchs sich zur Staatsaffäre aus. Denn nun griff der König energisch ein. Er drohte, die Allianz mit dem Hause Habsburg

aufzukündigen, falls die Dauphine nicht endlich ihre Halsstarrigkeit aufgäbe. In Wien war man bestürzt. Staatskanzler Kaunitz war über das Benehmen Marie Antoinettes regelrecht empört, Maria Theresia las der Tochter brieflich gehörig die Leviten. »Ihr seid die erste Untertanin des Königs und schuldet ihm Gehorsam und Unterordnung«, ermahnte sie die Dauphine im strengen Ton. »Ihr müsst dem Hof und den Höflingen ein Beispiel geben ... Sie haben die Dubarry nicht anders zu kennen und anzusehen als eine am Hof und zur Gesellschaft des Königs zugelassene Dame ...«
Marie Antoinette trotzte der mütterlichen Ermahnung, spielte das sie belustigende Schauspiel munter weiter. Wieder verstrichen Wochen, ohne dass sich in dieser heiklen Angelegenheit etwas bewegte. Schließlich und endlich blieb Marie Antoinette nichts anderes übrig, als sich dem Willen der Mutter zu beugen. Bei der Gratulationscour am Neujahrstag 1772 sprach sie, halb zur Gräfin gewendet, den erlösenden Satz: »Es sind heute viele Leute in Versailles.«
Dieser läppische Satz löste die Erstarrung, beendete den lächerlichen Streit um Ruf, Rang und Ansehen im Lustschloss des französischen Königs. Die Erleichterung war groß. Der König war zufrieden, die Dubarry kostete ihren Triumph genüsslich aus, dem Staatskanzler Kaunitz fiel ein Stein vom Herzen. Die Dauphine hatte sich gefügt. Aber bei dieser »Staatsaffäre« hatte sich gezeigt, dass die sechzehnjährige Kaisertochter aus Wien auf dem besten Weg war, ein starrköpfiges Selbstbewusstsein zu entwickeln. Sie machte der Mutter unmissverständlich klar, dass sie es bei diesen sieben gesprochenen Wörtern belassen wollte. Und in der Tat: Die Gräfin Dubarry hat kein achtes Wort mehr von ihr gehört.

Im Jahre 1774 schlug die letzte Stunde Ludwigs XV. Am 27. April wurde der König während der Jagd von Übelkeit befallen. Eilends kehrte er in sein Lieblingsschloss Trianon zurück. Am nächsten Morgen übersiedelte er nach Versailles, wo ihn die Ärzte zur Ader ließen. Es war eine nutzlose medizinische Maßnahme, denn der König war an den Pocken erkrankt. Madame Dubarry, die trotz der großen Ansteckungsgefahr an seinem Krankenlager ausharrte, musste ihre Stellung räumen und wurde in ein in der Nähe gelegenes Schlösschen verbannt. Erst jetzt war die Kirche dazu bereit, dem mit dem Tod ringenden König geistlichen Beistand zu gewähren. Am 4. Mai nahm der fast erblindete Beichtvater Seiner Majestät dem König die Beichte ab. Sechzehn Minuten brauchte Ludwig XV., wie die Höflinge mit der Uhr in der Hand sarkastisch feststellten, bis er sein langjähriges Sündenregister aufgezählt hatte. Die endgültige Absolution wurde dem Monarchen am nächsten Morgen erteilt, nachdem er vor versammelten Hof christliche Buße für seine unchristlichen Handlungen getan hatte. Ein paar Tage später, am 10. Mai 1774, erlosch das Lebenslicht Ludwigs XV. Frankreich atmete auf, hoffte auf eine bessere, schönere Zukunft. Es war eine Hoffnung, die sich nicht erfüllen sollte.

Der Gemahl Marie Antoinettes, der seinem Großvater als Ludwig XVI. auf den Thron folgte, war eine Persönlichkeit von mittelmäßigem Zuschnitt. Er hatte ein schwerblütiges, stumpfes Naturell. Gehemmt, wenig anpassungsfähig, unzugänglich, von pedantischer Ordnungs- und Pünktlichkeitsliebe, verfügte er über wenig persönliche Ausstrahlung und königliche Würde. Ludwig war von den besten Absichten beseelt, er konnte sich jedoch nur schwer zu einer Entscheidung durchringen. Wiewohl er den Staatsgeschäften mit Anstand nachkam, bedeuteten ihm doch Jagd, Essen, Schlaf und Wohlbefinden wesentlich mehr als sein königliches Amt. Er war alles in allem nicht die kraftvolle Persönlichkeit, die dem Land eine neue Perspektive geben und den Kapricen seiner Frau hätte Einhalt gebieten können.

Frankreich zählte gegen Ende des 18. Jahrhunderts ungefähr 25 Millionen Einwohner. Es war ein Agrarland mit ersten Ansätzen zur Industrialisierung. Der Großteil der Bevölkerung gehörte dem Bauern- und Bürgerstand an, etwa 2 Prozent bildeten den weltlichen und geistlichen Adel. Aber diese adelige Minderheit war wirtschaftlich und gesellschaftlich privilegiert. Obwohl etwa 30 bis 40 Prozent von Grund und Boden dem Adel gehörten, bezahlte die Aristokratie keine direkten Steuern, wurde die drückende Steuerlast beinahe ausschließlich von den niederen Bevölkerungsschichten getragen.

Zu dieser ungleichen und ungerechten Verteilung des Besitzes und des Steueraufkommens kamen die gesellschaftlichen Vorrechte der Aristokratie. Alle hohen staatlichen und kirchlichen Ämter waren dem Adel vorbehalten. Die Unzufriedenheit der Bevölkerung mit dem ausbeuterischen Staat wuchs von Jahr zu Jahr und wurde durch Missernten und das stetige Ansteigen der Preise und der Lebenshaltungskosten verstärkt.
Reformen waren dringend nötig. Der König war sich dessen bewusst und er war auch gewillt, sie durchzuführen. Aber für eine durchgreifende Änderung der Wirtschafts- und Gesellschaftsstruktur des Landes fehlte es ihm an Kraft, Zähigkeit und Ausdauer. Gegen den hinhaltenden Widerstand der besitzenden Klasse stand er auf verlorenem Posten.
Hat Marie Antoinette gewusst, wie es um das Land stand, dessen Königin sie war? Hat sie sich um die Millionen Untertanen gekümmert, die in menschenunwürdigen Behausungen dahinvegetierten, von der Hand in den Mund lebten, zerrissen und zerlumpt in den Armenvierteln der Städte um ein Stück Brot bettelten? Keineswegs. Die Königin hat sich um Land und Leute nie geschert. Die Welt außerhalb der ihren, in der sich eine Unzahl von adeligen Nichtstuern tummelte, existierte für sie nicht. Die extravagante Tochter Maria Theresias dachte nur an sich selbst. Sie nahm die Rechte ihrer königlichen Stellung in Anspruch, die Pflichten verabscheute und vernachlässigte sie. Marie Antoinette verkörperte die Verspieltheit, den Leichtsinn, die Frivolität ihrer Zeit, sie lebte nur ihren Vorlieben und Vergnügungen. Im Schlösschen Trianon, das ihr der Dauphin zum Geschenk gemacht hatte, schuf sie sich ihr ureigenstes Reich, wo sie, umgeben von Favoritinnen und buckelnden Höflingen, eine Kultur raffinierten Lebensgenusses entwickelte.
In ihrem »buen retiro« spielte die Königin von Frankreich mit anmutiger Perfektion und perfekter Anmut die Rolle der koketten Rokokokönigin. Von Trianon aus gab sie für die französische Adelsgesellschaft den Ton an, lebte ihr die Mode vor, kreierte die Frisur. Ein Heer von Garderobefrauen war Morgen für Morgen damit beschäftigt, die Unter- und Reifröcke, die Leibchen und Spitzentücher, die

Strümpfe, Kleider, Mäntel und Handschuhe herbeizuschaffen, die die königliche Modepuppe anzuziehen wünschte. Ein Regiment von Schneidern und Stickerinnen mühte sich Tag für Tag ab, um die neuen und neuesten Modelle herzustellen, für die sich die Königin nach langen Beratungen mit ihren Ratgebern in Toilettefragen entschieden hatte.

Und gar erst die Frisur. Sie wurde im Rokoko zum gesellschaftlichen Ereignis hochstilisiert. Der Coiffeur war demzufolge im 18. Jahrhundert ein großer Herr. Er fuhr jeden Morgen in einer sechsspännigen Karosse vor und baute dann in stundenlanger Arbeit und unter Verwendung riesiger Haarnadeln und großer Mengen von Pomade raffiniert arrangierte Haargebäude auf die Köpfe der Damen. Und Marie Antoinette ging natürlich mit bestem Beispiel voran.

Die Mutter in Wien schlug die Hände über den Kopf zusammen, als sie ihre Tochter auf einem Bild in diesem Aufputz zu Gesicht bekam. »Ich kann nicht umhin einen Punkt zu berühren, den viele Zeitungen oft genug wiederholen«, schrieb sie der Tochter. »Es handelt sich um den Kopfputz, den Sie tragen; er soll von der Haarwurzel 36 Zoll hoch sein [1 Zoll = 2,3–3 cm, Anm. d. Verf.], und dazu mit so viel Federn und Bändern geschmückt, die das alles noch erhöhen. Sie wissen, dass ich immer der Meinung war, man solle der Mode mit Zurückhaltung folgen, sie aber niemals übertreiben ...«

Diese sanften Ermahnungen der Mutter bewirkten nichts.

Die königlichen Toiletten waren kostspielig, aber noch mehr verschlangen die Pretiosen. Marie Antoinette hatte zwar als Ausstattung von Wien eine Menge Schmuck mitbekommen, aber sie wollte immer mehr, sie lechzte geradezu nach immer schöneren und kostspieligeren Diademen, Arm- und Halsbändern, Reifen, Spangen, Perlen und Diamantfassungen für Fächer und Ketten. Sie brauchte den aufwendigen Putz offenbar zur Betonung ihrer Schönheit und zur Stärkung ihres Selbstbewusstseins.

Die Königin von Frankreich hatte noch eine andere Schwäche: das Hasardspiel. Marie Antoinette wäre nicht die Schwester Leichtsinn gewesen, als die sie in die Geschichte eingegangen ist, wenn sie sich nicht auch der Spielleidenschaft hingegeben hätte. Nacht für Nacht klapperten in ihren Salons beim berüchtigten Pharao die Spielmarken auf den Tischen. Die Spielverluste der Königin erreichten schwindelnde Höhen.

Als die Vergnügungs- und Verschwendungssucht der Tochter nicht mehr zu tolerieren war, schickte Maria Theresia ihren ältesten Sohn und Thronfolger, Josef, nach Paris. Er sollte Marie Antoinette ein wenig den Kopf zurechtsetzen, vor allem aber den König von der Notwendigkeit der kleinen, befreienden Operation überzeugen, die dem Vollzug der Ehe entgegenstand.

Josef verließ am 1. April 1777 in Begleitung der Grafen Josef Colloredo und Philipp Cobenzl Wien. Er reiste inkognito, unter dem Namen eines Grafen Falkenstein. Am 18. April erreichte er die französische Hauptstadt, wo er sich in einem Hotel einquartierte. Die eingeweihten Kreise wussten natürlich, wer sich hinter der Maske des schlichten, vorurteilsfreien Grafen aus Österreich verbarg. Da half alle Verstellung nichts. Josef besuchte Manufakturen, Altersheime und Spitäler, ehe er in Versailles das persönliche Gespräch mit dem König suchte. Ludwig ließ die delikate Operation, zu der ihm der Schwager riet, anstandslos vornehmen. Die Ehe war gerettet, die Nachfolge gesichert. Ob ihm der König auch seine intimsten Bettgeheimnisse verraten hat? Josef machte am 9. Juni 1777 in einem Brief an seinen Bruder jedenfalls eine recht ungewöhnliche Feststellung. »Das Geheimnis liegt im Ehebett«, teilte er ihm mit. »Er hat ausgezeichnete Erektionen, führt sein Glied ein, verharrt dort regungslos vielleicht zwei Minuten lang, und ohne sich zu ergießen zieht er sein immer noch aufrecht stehendes Glied zurück und wünscht seiner Frau Gute Nacht …

Was meine Schwester betrifft«, fügte Josef hinzu, »ist sie auch nicht gerade sinnlich veranlagt und beide zusammen sind ein Paar von ausgemachten Stümpern.«

Doch nun war das Ehevollstreckungshindernis beseitigt. Am 30. August 1777, sieben Jahre nach der Trauung, schrieb Antoinette freudig bewegt nach Wien: »Ich befinde mich in dem für mein ganzes Leben größten Glück. Schon seit acht Tagen ist meine Ehe vollkommen vollzogen; der Beweis ist wiederholt worden, und noch gestern vollständiger als das erste Mal … Ich glaube noch nicht schwanger zu sein, habe aber wenigstens die Hoffnung, es von einem Augenblick zum anderen werden zu können …«

Der Bann war gebrochen. Ludwig erfüllte nun »sehr oft die Pflichten eines wirklichen Gemahls«, wie Marie Antoinette freudig nach Wien berichtete. Er war offenbar auf den Geschmack gekommen.

Marie Antoinette kam mit dem gestrengen Bruder recht gut aus, wenn es auch ab und zu zu heftigen Kontroversen kam. Der Kaiser, der das Verhalten seiner Schwester bei jeder Gelegenheit scharf unter die Lupe nahm, konnte recht grob sein. Hellsichtig durchschaute er die Vorzüge und Schwächen der Königin. »Sie ist eine liebenswürdige und anständige Frau«, berichtete er, »noch etwas jung und zu wenig nachdenkend, aber sie hat doch einen guten Fond von Anständigkeit und Tugend und dazu noch eine gewisse richtige Gabe der Auffassung, die mich oft überrascht hat … Die Vergnügungssucht ist bei ihr sehr mächtig, und da man diese Schwäche kennt, hält man sich daran, und sie hört immer wieder am meisten auf jene, die ihr darin zu dienen wissen.«

Schließlich schrieb er noch einen Satz nieder, der in seiner prophetischen Voraussicht geradezu gespenstisch anmutet. »Ich zittere wirklich um das Glück Deines Lebens«, warnte er Antoinette in einer »Instruktion«, die er ihr knapp vor der Abreise überreichte, »denn so kann es auf die Dauer nicht weitergehen. La révolution sera cruelle …« Der Umsturz wird grausam sein … Der »Revolutionär auf dem Kaiserthron« sollte Recht behalten.

Nach Josefs Abreise nahmen Ludwig und Antoinette ihr bisheriges Leben nun in freudvoller Zweisamkeit wieder auf. Am 19. Dezember 1778 wurde der König Vater einer Tochter, drei Jahre später brachte Marie Antoinette einen Dauphin zur Welt. Die fromme, alt und müde gewordene Mutter in Wien erlebte die Geburt dieses Enkels nicht mehr. Sie war am 29. November 1780 einer Lungenentzündung erlegen. Mit ihr starb das mahnende Gewissen der Königin von Frankreich.

Die Geburt des Thronfolgers wurde in ganz Frankreich stürmisch bejubelt. Noch einmal, ein letztes Mal, schlug der Königsfamilie die

Sympathie des Volkes entgegen. Marie Antoinette hatte den Gipfel ihrer Beliebtheit erreicht. Die Geburt ihrer Kinder – sie sollte später noch zwei weiteren das Leben schenken –, die Mutterschaft hatte sie ein wenig verändert. Aber ein entscheidender Umschwung in ihrer Lebensführung trat nicht ein. Die Königin lebte weiter munter in den Tag hinein, umgeben von einer Schar geschwätziger Nichtstuer, die sie protegierte und deren gefährlichen Einflüsterungen sie erlag. In Trianon gab die leichtlebige Königin von Frankreich verschwenderische Feste, und hier begegnete sie anlässlich eines Besuches des schwedischen Königs Gustav III. auch jenem Mann, bei dessen Anblick ihr Herz rascher zu schlagen begann: Axel Graf von Fersen.
Die Hofgesellschaft registrierte die sich anbahnende Liebesbeziehung mit unverhohlener Neugier und Sensationslust. Der Blick durch das Schlüsselloch wurde zur bestbezahlten Haupttätigkeit der Bediensteten. Wann würde es so weit sein? Wann würde sich die schöne Königin den attraktiven Nordländer ins Bett nehmen? Diese eminent wichtige Frage beschäftigte den französischen Königshof vom Türsteher bis zum Minister. Wie wir heute wissen, kam es zunächst nicht dazu. Marie Antoinette schreckte vor dem letzten, entscheidenden Schritt zurück, Axel Fersen bewahrte kühlen Verstand. Er verließ – aus eigenem Entschluss, auf Bitten der Königin, auf Geheiß Ludwigs XVI. oder des schwedischen Königs, wer kann das heute schon sagen? – plötzlich Frankreich, um am nordamerikanischen Unabhängigkeitskrieg gegen das englische Mutterland teilzunehmen. Es war keine Minute zu spät. »Ich gestatte mir, Eurer Majestät vertraulich mitzuteilen«, schrieb der schwedische Gesandte an seinen König, »dass Graf Fersen bei der Königin schließlich so gerne gesehen war, dass man darüber zu sprechen begann, zumindest in gewissen Kreisen … es bedurfte zweifellos einer Festigkeit, wie sie in seinem Alter nicht erwartet werden konnte, um dieser Versuchung Herr zu werden.«
Von der Versuchung, eine ehebrecherische Beziehung zur Königin von Frankreich zu unterhalten, war der Graf in Amerika wohl gefeit. Aber er blieb mit Marie Antoinette brieflich in Verbindung. Nach dem Ende des Krieges kehrte er nach Frankreich zurück und

bewarb sich um ein Kommando in der französischen Armee, das er über Fürsprache der Königin, die sich ansonsten nie in militärische Ernennungen einmischte, auch erhielt.
Axel Fersen entschloss sich endgültig in Frankreich zu bleiben und wurde in den nächsten Jahren, in denen sich Marie Antoinette langsam von einer oberflächlich-leichtfertigen zur seelisch reifen Persönlichkeit wandelte, zum diskreten, großherzigen Liebhaber der Königin, der die Geliebte auch in den Tagen höchster Gefahr und Unbill nicht im Stich ließ.

In den Jahren 1788 und 1789 kündigte sich unüberhörbar und drohend das Donnergrollen der Revolution an. Wer hören und sehen wollte, sah den Sturm, der am politischen Himmel Frankreichs heraufzog. Der König hatte dafür, so scheint es, kein allzu empfindliches Sensorium. Zwar ergriff er gegen die wirtschaftliche Not und die gesellschaftlichen Missstände in seinem Land ein paar gut gemeinte Maßnahmen, aber alle diese Reformen griffen letztlich nicht. Sie kamen viel zu spät.
Als schließlich am 14. Juli 1789 eine erregte Volksmenge die Bastille, das verhasste Staatsgefängnis und Symbol der absolutistischen Königsmacht, stürmte, war es das untrügliche Zeichen für den Anbruch eines Zeitalters brutaler, rücksichtsloser Gewalttätigkeit. Der König ging in seinem Märchenschloss seinen Amtsgeschäften nach und merkte davon nichts. Als ihn der Herzog von Liancourt noch des Nachts von den Vorgängen in Paris informierte, stammelte er erschrocken: »Mein Gott, das ist ja eine Revolte.« – »Nein, Sire«, erwiderte der Unglücksbote, »das ist eine Revolution.«
In den nächsten Wochen und Monaten überstürzten sich in Frankreich die Ereignisse. Im ganzen Land erhoben sich die Bauern, plünderten die Schlösser ihrer Gutsherren und vernichteten die Dokumente, auf denen ihre Abgabeverpflichtungen verzeichnet waren. Die Leibeigenschaft wurde abgeschafft, die alte ständische Gesellschaftsordnung aus den Angeln gehoben. Im August 1789 beschlossen die Abgeordneten der verfassunggebenden Nationalversammlung die »Erklärung der Menschen- und Bürgerrechte«.

Der gutmütige, aber schwache Ludwig XVI. wich vor der Revolution zurück, versuchte zu retten, was nicht mehr zu retten war. Nicht so die Königin. Sie betrachtete die Revolution von allem Anfang an als eine unrechtmäßige Bedrohung der ihr von Gott verliehenen herrscherlichen Autorität. Sie verteidigte mit ihrer ganzen Persönlichkeit ihre eigene Position und den Thron. Und so war sie, die verhasste Fremde, die Österreicherin, von allem Anfang an die Zielscheibe des pöbelhaften Spotts und der revolutionär gesinnten Kreise der Bevölkerung.
Am 5. Oktober 1789 stürmte die Revolution auch die Tore des Schlossen von Versailles. Eine vieltausendköpfige Menschenmenge, in der Mehrzahl mit Sensen, Mistgabeln, Piken und Musketen bewaffnete Frauen, tauchte nach mehrstündigem Marsch regendurchnässt vor dem Königspalast auf und verlangte schreiend und wild gestikulierend nach Brot. Der König empfing eine Deputation zu freundlichem Gespräch. Die aufgebrachten Frauen zogen sich zurück, die bedrohliche Situation schien abgewendet zu sein. Am nächsten Morgen drang jedoch eine wütende Meute in das Schloss ein, machte zwei Wachsoldaten nieder und bahnte sich einen Weg bis zu den Appartements der Königin, die sich nur mit Mühe in Sicherheit bringen konnte. Am Nachmittag dieses schicksalsschweren Tages entschloss sich der König, dem Druck der Masse nachgebend, mit seiner Gemahlin und den beiden Kindern in Begleitung und unter dem Gejohle einer riesigen Volksmenge nach Paris zu übersiedeln. Von da an war die königliche Familie ein Spielball in den Händen der Revolutionäre.
In der Hauptstadt mussten Ludwig und Antoinette in den Tuilerien Quartier nehmen, einem alten, weitläufigen Gebäude, das wenig Komfort bot. Der König richtete sich mit seiner Schwester und den Kindern im ersten Stock ein, die Königin zu ebener Erde. Sie wohnte und schlief allein. Ihr Schlaf- und Empfangszimmer war so gelegen, dass sie jederzeit ungesehen Besuche empfangen konnte. Die königliche Familie führte im neuen Domizil ein ruhiges, von der Monotonie beherrschtes und von Nationalgardisten überwachtes Leben. Es gab keine Feste mehr, keinen Prunk, kaum Abwechslung. Marie Antoinette schickte sich, so will es scheinen, in die unge-

wohnten Lebensumstände und sie fand endgültig zu sich selbst. Sie brachte bislang völlig unbekannte Seiten ihres Charakters und ihrer Persönlichkeit zur Entfaltung, kümmerte sich um ihre beiden Kinder, führte Gespräche mit Gesandten, holte Ratschläge ein, saß stundenlang beim Schreibtisch, redigierte Briefe und verschickte auf diplomatischem Weg verschlüsselte Botschaften an ihre Freunde im Ausland, die freilich keine Freunde waren. Außer schönen Worten hatten sie der Königin von Frankreich in ihrer Notlage nämlich kaum etwas zu bieten.

Der Einzige, der Marie Antoinette und dem König treu zur Seite stand, der ein tiefes Mitgefühl für ihre missliche Lage empfand, war Axel von Fersen. Er fand sich häufig in den Tuilerien ein, bot seine Dienste an, führte Gespräche, vermittelte Informationen. Sein Verhältnis zur Königin vertiefte sich, wurde inniger, erfüllte sein Herz. Im April 1790 schrieb er an seine Schwester: »Sie ist das vollkommenste Wesen, das ich kenne, und ihr Verhalten hat jedermann für sich eingenommen. Überall höre ich nur das Beste über sie. Du kannst Dir vorstellen, wie glücklich ich darüber bin ...« Ob Marie Antoinette zu diesem Zeitpunkt bereits seine Geliebte war oder es damals geworden ist, darüber sind die Historiker verschiedener Meinung. Im Grunde ist es unerheblich.

Fersen war jedenfalls der einzige Vertraute des französischen Königspaares. In seiner Hand lag das weitere Schicksal Marie Antoinettes und ihres phlegmatischen Gemahls. Denn in der Königin reifte nach endlosen Monaten quälenden Wartens und Bangens, der permanenten Besudelung durch die Presse und die Akteure der Revolution der Gedanke an Flucht. Und niemand anderer als der Edelmann aus Schweden kam für die Durchführung dieses gefährlichen Unternehmens in Frage. Fersen war in dieser schweren Zeit Marie Antoinettes einzige Stütze. Mit ihm besprach sie alle Einzelheiten des verwegenen Planes. Er führte die notwendig gewordene Korrespondenz, wählte die Helfer aus, beschaffte die falschen Pässe, bestellte die Fluchtkarosse, schmuggelte unter Einsatz seines Lebens die Kleidungsstücke in die Tuilerien ein, die den König und die Königin davor bewahren sollten, erkannt zu werden.

Nach hektischen, nervenaufreibenden Wochen der Vorbereitung war es dann endlich so weit. Die königliche Familie verließ am frühen Morgen des 21. Juni 1791 Paris. Ziel war die Ostgrenze Frankreichs, wo Ludwig unter dem Schutz royalistischer Truppenverbände ein Exil auf französischem Boden errichten wollte.
Nach vielstündiger Fahrt mit Verzögerungen und Pannen erreichte die Karosse die Stadt Varennes in den Vogesen. Dort war Endstation. Ein Untertan, der Postmeister Drouet, ein überzeugter Jakobiner und Antimonarchist, erkannte die hochwohlgeborene Fracht in der auffälligen Karosse. Eine rasch zusammengeströmte Menschenmenge verhinderte die Weiterfahrt und die königliche Familie verbrachte eine unruhige Nacht im Haus des Bürgermeisters von Varennes. Es war übrigens das erste und einzige Mal in ihrem Leben, dass Marie Antoinette im Haus eines französischen Bürgers verweilte. Am nächsten Morgen ging es dann zurück in die Hauptstadt.
Die Rückfahrt wurde zum Martyrium. Unbarmherzig brannte die Junisonne vom Himmel, in der Karosse saßen jetzt acht Personen statt sechs, eng aneinander gepresst, da zwei Abgeordnete der Nationalversammlung darin Platz genommen hatten, um die königliche Familie vor etwaigen Übergriffen der Bevölkerung in Schutz zu nehmen. Dem König und der Königin blieb auf dieser Fahrt buchstäblich nichts erspart. Flüche und Steine wurden gegen den Wagen geschleudert, Verwünschungen ausgestoßen, man beschimpfte und verleumdete sie, ballte die Fäuste. Endlich, nach drei qualvollen Tagen, erreichten sie durch ein Spalier von Hunderttausenden Menschen, die die Boulevards säumten, wieder ihren gefängnisgleichen Aufenthaltsort. Todmüde, staubbedeckt, mit rotgeränderten Augen stiegen sie aus der Karosse und schleppten sich mit letzter Kraft in den Schutz des dickwandigen Gebäudes. Das Königtum war zwar noch nicht am Ende, aber sein Ansehen endgültig dahin. Der König ahnte, die Königin wusste es.
Marie Antoinette klammerte sich in ihrer Verzweiflung an den letzten Getreuen, der ihr geblieben war, an Axel Fersen. »Seien Sie beruhigt«, schrieb sie ihm kurz nach ihrer traurigen Rückkehr in die Tuilerien, »wir leben.« Einige Zeit später – die beiden blieben in ge-

heimer Korrespondenz miteinander in Verbindung und einander verbunden – öffnete sie ihm rückhaltlos ihr Herz. »Ich kann Ihnen nur sagen«, gestand sie ihm, »dass ich Sie liebe … Es geht mir gut, haben Sie meinetwegen keine Sorgen, ich wüsste nur gern von Ihnen das Gleiche … Leben Sie wohl, liebendster und geliebtester aller Menschen. Ich umarme Sie von ganzem Herzen.«

Fersen, der nach dem Fiasko von Varennes nach Schweden zurückgekehrt war, arbeitete einen neuen Fluchtplan aus und entschloss sich nach Frankreich zu reisen. Es war ein geradezu selbstmörderisches Unterfangen, denn der schwedische Kavalier und königliche Fluchthelfer war in Paris zur Unperson geworden. Sein Steckbrief prangte auf allen Plakatwänden. Würde er erkannt und ertappt werden, so war ihm der Tod gewiss.

Fersen nahm das Risiko auf sich. Am 11. Februar 1792 machte er sich, lediglich von einem Ordonnanzoffizier begleitet, mit Perücke, gefälschten Papieren und als Kurier des schwedischen Königs verkleidet, auf den Weg. Zwei Tage später war er in Paris. Unbehelligt gelangte er in die Tuilerien und in die Gemächer der Königin, wo er die Nacht zubrachte. In dieser Nacht, das kann man mit Gewissheit annehmen, wurde Marie Antoinette seine Geliebte, wenn sie es nicht schon längst war.

Der Nordländer, hinter dessen kühlem Äußeren sich eine leidenschaftliche Natur verbarg, notierte in seinem Tagebuch: »Zu ihr gegangen; meinen gewöhnlichen Weg genommen. Besorgnis wegen der Nationalgarden, ihre Wohnung wundervoll.« Und dann noch die beiden unkenntlich gemachten, aber inzwischen entzifferten Wörter »resté là«. Für Fersen hieß dieses »dort geblieben« – dort geschlafen.

Den ganzen nächsten Tag hielt sich der Schwede in Antoinettes Appartement versteckt, am Abend hatte er eine Unterredung mit dem König. Ludwig verwarf den ihm vorgelegten Plan einer neuerlichen Flucht.

Gegen Mitternacht nahm Fersen Abschied. Anstandslos gelangte er aus dem Schloss und über die Grenze in das benachbarte Belgien. Er hat die Königin nicht wieder gesehen.

Die Revolution ging weiter. Bereits im September 1791 war Frankreich zur konstitutionellen Monarchie geworden, am 20. April 1792 beschloss die Nationalversammlung den Krieg gegen Österreich. Die Lage des Königspaares verschlimmerte sich von Tag zu Tag, von Woche zu Woche. Am 20. Juni 1792 brach eine mit Äxten, Eisenstangen und Piken bewaffnete, unüberschaubare Menschenmenge die vergitterten Tore der Tuilerien auf und drang in das Schloss ein. Der Pöbel schlug krumm und klein, was ihm in die Quere kam, verwüstete das Schlafzimmer der Königin und zwang den König, die rote, phrygische Mütze, das Freiheitssymbol der Republikaner, aufzusetzen. Marie Antoinette wurde von der Menge beschimpft und bedroht, aber sie kam mit dem Schrecken davon. Einige Tage später berichtete sie in einem mit unsichtbarer Tinte geschriebenen Brief an ihren schwedischen Geliebten: »Ich lebe noch, aber es ist ein Wunder. Der Tag war entsetzlich.«

Wieder vergingen ein paar Wochen. Die französischen Truppen erlitten inzwischen im Kampf gegen die gegnerischen Armeen eine Niederlage nach der anderen.

Marie Antoinette schöpfte neue Hoffnung. Es konnte nicht mehr lange dauern, meinte sie, bis Paris erobert und die Revolution niedergeworfen sein würde. Doch das war ein Wunschtraum. Am 25. Juli 1792 erließ der Herzog von Braunschweig, der Oberbefehlshaber der Verbündeten, ein Manifest, in dem er mit harten Strafmaßnahmen drohte, sollte der königlichen Familie auch nur das Geringste zustoßen. Das Manifest löste in Paris und in ganz Frankreich einen Sturm der Empörung aus. Die Republikaner riefen zum Sturz des Königtums auf, bliesen der Monarchie den Todesmarsch. Die revolutionären Parolen zeigten Wirkung. Am Morgen des 19. August wurden in Paris alle Kirchenglocken geläutet, in den Vorstädten sammelten sich die Volksmassen und die Freiwilligenbataillone aus den Provinzen zum Aufstand gegen den König. Unter ihnen war auch eine Kerntruppe aus Marseille, die mit der neuen Hymne der Revolution auf den Lippen auf die Tuilerien zumarschierte.

Ludwig XVI. ließ sich dazu überreden, mit seiner Familie den sicheren Schoß der Nationalversammlung aufzusuchen, ehe der Pöbel in den Palast eindrang, die Besatzung niedermetzelte, die Einrichtung zertrümmerte, den Weinkeller leer soff. In der ganzen Stadt wurden die königlichen Herrschaftssymbole zerstört, zahlreiche Adelige niedergemacht, die Häupter der ermordeten Royalisten auf Piken durch die Straßen getragen. Achtzehn Stunden musste die königliche Familie zusammengepfercht in der stickigen Loge des Protokollführers in der Nationalversammlung ausharren. Dann brachte man sie in vier Zellen des angrenzenden Klosters der Feuillants unter. Marie Antoinette war, völlig erschöpft, einem Nervenzusammenbruch nahe. Am 13. August, um fünf Uhr abends, wurde die Familie in den Temple gebracht. Zwei Stunden dauerte die Fahrt durch halb Paris zur ehemaligen Residenz des Grafen Charles Philipp Artois, die dem König und der Königin als Kerker zugedacht war. Zwei Stunden, in denen ihnen aus allen Fenstern und Haustoren der Hass der Menschen entgegenschlug.

Streng bewacht, hinter verriegelten und versperrten Eisentüren, verbrachten Ludwig, Antoinette, Madame Elisabeth, die Schwester des Königs, und die beiden Kinder die nächsten Wochen und Monate. Gleichförmig verstrichen die Tage. Bequem war das Leben im großen Festungsturm des Temple, wo die Familie nun zu hausen gezwungen war, natürlich nicht. Die Wände waren eiskalt, die Wachtposten unfreundlich. Aber die Haft war nicht unmenschlich. Für ein reichliches Essen, das Ludwig immer schon sehr viel bedeutet hatte, war gesorgt, es war auch gestattet, im Garten einen Spaziergang zu unternehmen. Der König vertrieb sich die Zeit mit der Lektüre lateinischer Klassiker. Täglich hielt er sein Mittagsschläfchen, unterrichtete seine Kinder, unterhielt sich beim Kartenspiel. Die Königin suchte bei der Stickerei Abwechslung, spielte mit den Kindern. Sie war müde und abgekämpft, ihr Haar ergraut. Aber ihr Lebenswille war nicht gebrochen. Noch immer hatte sie die Hoffnung auf eine Wendung der Dinge nicht aufgegeben.

Während in der klein gewordenen Welt der französischen Königsfamilie der graue Alltag auf den Seelen lastete, reihte sich draußen in der bunten, unbarmherzigen großen Welt ein Ereignis an das andere. Anfang September 1792 läuteten wieder die Sturmglocken. Der

Mob stürmte die Gefängnisse und schlachtete die Inhaftierten ab, am 21. September beschloss der Konvent, die neue revolutionäre Nationalversammlung, die Abschaffung der Monarchie. Eine jahrhundertelange Ära war damit zu Ende.
Die Haftbedingungen im Temple wurden verschärft, die Schikanen häuften sich, die Bewegungsfreiheit der Inhaftierten wurde eingeschränkt. Papier, Tinte und Federkiel und zuletzt alle scharfen Gegenstände wie Messer, Gabeln und Scheren wurden abgenommen. Bald wurde es zur Gewissheit, dass der König unter Anklage gestellt werden sollte. Am 11. Dezember 1792 stand er zum ersten Mal vor seinen Richtern. Von diesem Tag an musste er, obwohl er im selben Turm wohnte, von seiner Familie getrennt leben, durfte er kein einziges Mal mehr mit Frau und Kindern sprechen.
Am 17. Januar 1793 wurde das Todesurteil verkündet, vier Tage später wurde es vollzogen. Das Haupt Ludwigs XVI. wurde auf der Place de la Révolution von der neuen, »humanen« Hinrichtungsmaschine, der berüchtigten Guillotine, vom Rumpf getrennt. Einige der gaffenden Bürger tauchten ihre Piken und Taschentücher in sein Blut. Die Souvenirjäger waren schon immer fantasiebegabt.

Nach der Hinrichtung ihres Gemahls fühlte sich Marie Antoinette von aller Welt verlassen. Dennoch gab sie die Hoffnung nicht auf, ihrem Leben in letzter Minute eine neue Wendung geben zu können. Mit Hilfe von Wächtern, deren Vertrauen sie gewonnen hatte, gelang es ihr, Kontakte zur Außenwelt herzustellen, Nachrichten und Botschaften aus dem Gebäude hinaus- und hereinzuschmuggeln. Aber alle Fluchtpläne zerschlugen sich.
Die Tage im Temple flossen träge dahin. Im Herzen Marie Antoinettes machte sich Verzweiflung breit, die Gedanken und Erinnerungen an die Vergangenheit quälten sie. An die Zukunft wagte sie kaum noch zu denken. Ihr Leben, das sinnlos geworden war, lag in den Händen von Männern, deren politische Vorstellungen und Utopien ihr vollkommen fremd und unerklärlich waren. Täglich wartete sie auf eine Entscheidung über ihr weiteres Schicksal. Aber wochenlang geschah nichts. Dann, Anfang Juli 1793, trafen die Revolutionäre

mit einer grausamen Maßnahme die entthronte Königin in die Seele. Sie entrissen der Mutter den Sohn und übergaben ihn der Obhut eines einfachen Flickschusters. Marie Antoinette war völlig verzweifelt. Nun war sie endgültig gebrochen. Als man ihr einige Wochen später mitteilte, dass sie vor das Revolutionstribunal gestellt und in die Conciergerie, das berüchtigte Staatsgefängnis, gebracht werden würde, nahm sie die Nachricht regungslos auf. Wortlos packte sie die wenigen Habseligkeiten zusammen, die man ihr beließ, und nahm von ihrer Tochter und der Schwägerin Abschied. Dann schritt sie, ohne sich umzudrehen, die Treppen des Temple hinunter und stieg in die Kutsche ein, die sie in das düstere, feuchte Gelass brachte, in der die verwöhnte Tochter Maria Theresias und verhasste Königin von Frankreich unter den widrigsten Umständen die letzten zweieinhalb Monate ihres Lebens zubringen musste.

Paris liegt noch im Schlaf, als am 15. Oktober 1793 um vier Uhr morgens der Präsident des Revolutionstribunals nach einem zweitägigen Prozess, in dem sich die einst so kokette, hochmütige Monarchin klug, standhaft und würdevoll gegen den Vorwurf des Hochverrates verteidigt hat, das Urteil verkündet. Es lautet, wie nicht anders zu erwarten war, auf Tod durch das Fallbeil.

Marie Antoinette hat den Richtspruch mit unbewegtem Gesicht, gefasst und wortlos entgegengenommen. Mit dem Leben hat sie längst abgeschlossen. Nichts kann sie mehr erschüttern.

Man führt die gedemütigte, psychisch und physisch erschöpfte Monarchin in ihre Zelle zurück. Die Achtunddreißigjährige ist nur noch ein Schatten ihrer selbst, ist zu einer müden, alten Frau geworden. Der Mangel an Bewegung und frischer Luft hat ihre Haut fahl werden lassen, ihr Haar ist weiß geworden, ihre entzündeten Augen sind matt und glanzlos, schwere Menstruationsblutungen haben ihren Körper geschwächt.

In dem kleinen, spärlich eingerichteten Raum von zirka 12 Quadratmetern brennen entgegen den sonstigen Gepflogenheiten zwei Kerzen. Es ist die letzte Gunst, die man der Königin in dieser Nacht gewährt. Marie Antoinette bittet um Papier, Feder und Tinte. Der Wärter bringt es. Nach dem nervenaufreibenden Prozess ist sie zu aufgewühlt, zu erregt, um schlafen zu können. Sie will noch einmal mit jemanden in Kontakt treten, der ihr nahe steht, ihm ihre Gefühle zum Ausdruck bringen, ihre letzten Gedanken anvertrauen. Sie richtet diese Zeilen an ihre Schwägerin Elisabeth von Bourbon, der sie in der langen Gefangenschaft im Temple seelisch nähergekommen ist und die sich rührend um ihre Kinder gekümmert hat. In diesem bemerkenswerten Schreiben bitte die Königin Gott um Verzeihung für alle ihre Sünden, legt ihre Seele seinem Erbarmen anheim und nimmt Abschied von ihren Freunden. Der Brief wird die Adressatin nicht erreichen. Er geht durch zahlreiche Hände und taucht erst viele Jahre später auf.

Das Morgenlicht des 16. Oktober dämmert schon durch das vergitterte Fenster, als die Königin übermüdet die Feder zur Seite legt und sich für kurze Zeit auf dem aufklappbaren Eisenbett ausstreckt, das ihr in der Zeit ihres Aufenthaltes als Liegestatt gedient hat. Unterdessen haben in Paris die Vorbereitungen für das Spektakel der Hinrichtung begonnen. Die revolutionäre Staatsgewalt bietet die gesamte bewaffnete Macht auf, um sich gegen alles Unvorhergesehene abzusichern. Royalistische Sympathiekundgebungen für die entthronte Femme fatale sind zwar nicht zu befürchten, aber wer weiß, was die Volkswut alles anrichtet? Man muss auf alles gefasst sein. 30 000 Soldaten stehen jedenfalls für alle Fälle bereit. Mit aufgepflanztem Bajonett sichern sie die Zugänge zu allen Straßenzügen, durch die der Karren mit der Delinquentin zum Hinrichtungsplatz rollen wird, schussbereite Kanonen sperren die Brücken. Wachtposten stehen im Spalier, um die gaffende Menge im Zaum zu halten. Der letzte Akt des Königinnen-Dramas muss und wird mit der Präzision eines Uhrwerks abrollen. Um sieben Uhr betritt Rosalie Lamorlière, das Küchenmädchen des Gefangenenaufsehers, die kleine Zelle. Sie hat sich in den vergangenen schweren Tagen und Wochen rührend um Marie Antoinette gekümmert und später darüber einen Bericht geschrieben. Rosalie sieht, dass die Königin angekleidet auf dem Bett liegt. In der Ecke des Raumes sitzt der Offizier, der Wache hält, denn die Königin stand während ihrer

Kerkerhaft rund um die Uhr unter Aufsicht. Man hat sie keine Minute aus den Augen gelassen. Kein Handgriff, kein Schritt, keine Geste ist unbemerkt geblieben. Diese totale Überwachung hat schwer an ihren Nerven gezerrt und ihr das Letzte an Selbstbeherrschung abverlangt.

Flüsternd fragt Rosalie die Königin, was sie zu sich zu nehmen wünsche. Marie Antoinette hat seit mehr als 24 Stunden nichts gegessen. Erst nach längerem Bitten lässt sich die erschöpfte, kranke Frau zu einigen Löffeln Bouillon überreden. Dann hilft ihr das Mädchen beim Umkleiden.

Die Richter haben der Witwe Capet, wie die Königin nun genannt wird, nahe gelegt, nicht in schwarzen Kleidern den Hinrichtungskarren zu besteigen. Das könnte das Volk in Rage versetzen. Sie hat sich daher entschlossen, ein weißes Pikeekleid anzuziehen und ihren Nacken mit einem Musselintuch zu umhüllen. Eine einfache Linonhaube, schwarze Strümpfe und ein Paar schlehenfarbener Schuhe ergänzen die Garderobe. Sie will sauber und anständig gekleidet sein, wenn sie ein letztes Mal in der Öffentlichkeit erscheint. Bevor sie ihre Unterwäsche wechselt, bittet sie den diensthabenden Offizier, den Blick von ihr zu wenden. Aber der ist mit dem Hinweis auf seine Pflicht nicht dazu bereit. Da tritt Rosalie entschlossen dazwischen, verstellt ihm die Sicht und die Königin kann sich unbeobachtet umkleiden.

Um acht Uhr kommt der Priester. Er will Marie Antoinette die Gelegenheit geben zu beichten, aber die Königin lehnt höflich ab. Von einem Gottesmann, der den Eid auf die neue Verfassung geleistet, der gewissermaßen seine Religion verraten hat, will sie nichts wissen. Vielleicht hat ihr ein Pfarrer ihres Vertrauens, der in einer angrenzenden Zelle eingekerkert war, die Beichte abgenommen. Eindeutig belegt ist es nicht.

Marie Antoinette setzt sich auf einen Stuhl und wartet. Eine einst strahlend schöne Königin wartet im Geviert einer schmutzigen Todeszelle auf den Henker. Nur langsam verrinnt die Zeit. Dann, endlich, betritt der Scharfrichter, ein junger Mann von riesenhaftem Wuchs, die Zelle. Henri Sanson, der Sohn des berühmt-berüchtigten Henkers von Paris, Charles Sanson, schneidet der Königin, wie es üblich ist, mit einer großen Schere das Haar ab und bindet ihr die Arme auf den Rücken. Die Königin erhebt sich von ihrem Stuhl. »Ich bin so weit, Messieurs«, sagt sie mit leiser Stimme, »wir können aufbrechen.« Sie ist für ihren letzten Weg gerüstet, den Weg in den Tod.

Gegen elf Uhr öffnen sich die schweren Tore der Conciergerie. Draußen wartet der Schinderkarren der Revolution mit einem großen schwarzen Pferd im Geschirr, der sie zum Schafott bringen soll. Marie Antoinette besteigt den Karren und lässt sich mit dem Rücken zur Fahrtrichtung auf das zwischen den Sprossen des Wagens geschobene Brett nieder. Ihr Gemahl war im Januar 1793 noch in einer geschlossenen Hofkarosse zur Hinrichtungsstätte gebracht worden. Neun Monate später kennt die Revolution zwischen einer Königin und einer einfachen Frau aus dem Volk keinen Unterschied mehr. Die Guillotine hat die Menschen gleichgemacht.

Der Wagen setzt sich in Bewegung und holpert an diesem unfreundlichen Herbsttag langsam über das Straßenpflaster. Die Fahrt vom Staatsgefängnis bis zum Schafott auf der Place de la Révolution, der heutigen Place de la Concorde, dauert ungefähr eine Stunde. In dieser letzten Stunde ihres Lebens ist Marie Antoinette noch einmal, wie schon bei der Abdankung des Königs und bei anderen Gelegenheiten, dem Gespött des Pöbels ausgesetzt. Aber sie ist darauf gefasst. Ohne eine Miene zu verziehen und geradeaus vor sich hin blickend, als sähe und hörte sie nichts, lässt sie alle Schmährufe, Beschimpfungen, Drohungen und Anzüglichkeiten an sich abprallen. Die Verworfenheit der Welt, die Grausamkeit der Menge erreichen sie nicht mehr.

In der Rue de Saint-Honoré hält der Maler Jacques-Louis David, ein politischer Windhund, der seine Fahne nach der Wetterlage dreht, mit ein paar Strichen auf einem Blatt Papier die Szene fest: Eine abgehärmte, alt gewordene Frau fährt mit steinernem Antlitz und auf den Rücken gebundenen Händen, aber voll innerer Kraft und in stolzer, majestätischer Haltung durch die Straßen von Paris dem Tod entgegen.

Kurz nach zwölf Uhr erreicht der Schinderkarren die Hinrichtungsstätte. Zehntausende Menschen haben sich hier versammelt. Sie lärmen und schreien, recken die Hälse, warten seit Stunden auf das einmalige Schauspiel der Hinrichtung einer Königin, wollen miterleben, wie das »nationale Rasiermesser« die Bürgerin Capet »halbiert«.

Der Karren wird angehalten. Auf dem riesigen Platz tritt eine unheimliche Stille ein. Die Zeitungsverkäufer, die laut schreiend Karikaturen der Königin verkaufen, die Straßenhändler, die Erfrischungsgetränke und Brot angepriesen haben, sind verstummt. Die Menschen halten den Atem an. Das historische Ereignis schlägt sie in Bann.

Marie Antoinette müht sich vom Karren herunter und steigt, das blitzblanke, scharfe Beil der Guillotine vor Augen, die hölzernen Stufen zum Schafott hinauf. Ihr Blick geht starr über die Menschenmenge hinweg. Sie will nicht mehr wahrnehmen, was rund um sie geschieht.

Nun geht alles sehr rasch. Die Henker ergreifen sie, schnallen sie am Richtblock fest. Einer zieht am Strang, der den Tötungsmechanismus auslöst, das Fallbeil saust herunter und trennt den Kopf vom Körper. Sanson packt das blutende Haupt an den Haaren, hebt es hoch und zeigt es rundum der jubelnden Menge. Die Königin ist guillotiniert, die Monarchie ist endgültig tot. »Vive la République!«

Es ist 12 Uhr 15 Minuten. Mittagszeit. Das makabre Schauspiel ist zu Ende. Die Menschen zerstreuen sich. Der Karren mit dem Leichnam der Königin zieht kurze Zeit später eine blutige Spur zum Friedhof Sainte-Madeleine, wo der Körper in einen Sarg gelegt, aber nicht sofort beerdigt wird. Erst als eine größere Anzahl guillotinierter Leichname beisammen ist, wird Marie Antoinette gemeinsam mit ihnen in einem Massengrab beigesetzt.

Die Revolution nimmt ihren Fortgang und fordert zahllose weitere Opfer. Nach der Königin von Frankreich kräht kein Hahn mehr. Schon ein paar Jahre nach ihrer Exekution kann in Paris niemand mehr die Stelle bezeichnen, wo man sie verscharrt hat.

Marie Louise
Kaiserin der Franzosen

Die liebeshungrige Tochter Kaiser Franz' II. (I.)

Geboren am 12. Dezember 1791 in Wien
Gestorben am 17. Dezember 1847 in Parma
Verheiratet mit
Napoleon I., Kaiser der Franzosen
Adam Adalbert, Graf von Neipperg
Karl, Graf von Bombelles

Die Lieblingstochter Kaiser Franz' I. war ganze achtzehn Jahre jung, unfertig, unreif und unerfahren, als sie in die Ehe mit Napoleon Bonaparte, den Kaiser der Franzosen und Beherrscher Europas, gestoßen wurde.

Die Anregung für diese eheliche Verbindung ging von Napoleon selbst oder vom damaligen österreichischen Minister des Äußeren, Graf Clemens Wenzel Lothar Metternich, aus. Wer es war, lässt sich heute nicht mehr mit Sicherheit feststellen. Ein Interesse daran hatten jedenfalls beide. Metternich war nach den langen Kriegen gegen das revolutionäre und (später) das napoleonische Frankreich, die für die Habsburgermonarchie mit schweren Niederlagen geendet hatten, an einer Aussöhnung zwischen den beiden Staaten interessiert. Napoleon wollte durch die Einheirat in eine uralte und angesehene europäische Dynastie seine niedrige Herkunft kaschieren und seine Herrschaft legitimieren. Er verband damit aber noch eine andere Absicht: Er wollte ein Herrschergeschlecht begründen und brauchte dazu einen männlichen Erben. Seine zivilrechtlich geschiedene erste Ehe mit der um vier Jahre älteren Joséphine Beauharnais war kinderlos geblieben.

Der phlegmatische, bürgerlich-häusliche Kaiser in Wien gab dem Eheprojekt, das eilends vorangetrieben wurde, seine Zustimmung. Die Betroffene, in deren junges Leben die Politik nun mitleidslos eingriff, wusste davon lange Zeit nichts. Als sie schließlich davon Wind bekam, war sie wie vom Schlag gerührt. Der Gedanke, den Mann zu heiraten, vor dem der Wiener Hof zweimal hatte flüchten müssen, den man ihr in ihrer Kindheit als satanisches Ungeheuer vor Augen gestellt hatte, als die Verkörperung alles Bösen in dieser Welt, jagte ihr kalte Schauer über den Rücken. In ihrer Seelenangst schrieb sie dem Papa, den sie über alles liebte, einen Brief (sie hielt sich zu diesem Zeitpunkt, im Winter 1809, in Ofen in Ungarn auf). Sie sei darüber beunruhigt, dass sie zu jenen Prinzessinnen zähle, die als Gemahlin Napoleons in Frage kämen, klagte sie und schüttete dem Kaiser bei dieser Gelegenheit gleich auch noch ihr Herz aus. Sie habe sich in Franz von Modena-Este verliebt, gestand sie, und lege ihr künftiges Glück vertrauensvoll in ihres Vaters Hände.

Wie so oft in unangenehmen Situationen reagierte der Kaiser längere Zeit nicht. Erst etliche Wochen später ließ er Marie Louise rufen und eröffnete ihr, dass der Kaiser der Franzosen um ihre Hand angehalten habe. Die Bestürzung der Kaisertochter war groß und verständlicherweise gab es Tränen. Aber Marie Louise war zu Gehorsam und Untertänigkeit erzogen worden. Sie fügte sich in ihr Schicksal.
Die offizielle Werbung des Korsen um die Hand der ältesten Tochter des österreichischen Kaisers fand am 8. März 1810 in feierlicher Form im Zeremoniensaal der Wiener Hofburg statt. Brautwerber für seinen Herrn und Gebieter war Fürst Louis Alexandre Berthier, ein Mann von Format, der Würde mit Charme und Höflichkeit zu verbinden wusste. Man tauschte Reden und Freundlichkeiten aus, der Kaiser machte ein undurchdringliches Gesicht. Die Braut, die erst gegen Ende der Zeremonie zugezogen wurde, erhielt von Berthier ein Schreiben und das Bildnis Napoleons überreicht. Wie ihr dabei zumute war, ist nicht überliefert.
Hingegen liegen über das Aussehen der künftigen Kaiserin von Frankreich ein paar Äußerungen zeitgenössischer französischer Diplomaten vor, die sie in Wien vor der Hochzeit bei verschiedenen Anlässen sahen und kennen lernten. Sie schildern Marie Louise als gut gewachsen, frisch und gesund, bescheiden und sanftmütig. Von Schönheit ist in keinem dieser Beschreibungen die Rede und das wäre auch eine arge Übertreibung gewesen. Man sprach diplomatisch von ihrer »angenehmen Physiognomie« und ihren »regelmäßigen Zügen« und pries lediglich ihre schönen blauen Augen. Der Advokatensohn aus Korsika, der sich in den Pariser Salons längst zum Frauenkenner entwickelt hatte, wusste diese Berichte zwischen den Zeilen zu lesen. Er war auf alles gefasst. Man würde ja sehen. Schönheit war aber gewiss nicht das primäre Kriterium, das er an seine Gemahlin stellte. Und hässlich konnte man Marie Louise ja nun auch wieder nicht nennen.
Die damals übliche Hochzeit per procurationem fand am 11. März 1810 in der Augustinerkirche, der Trauungskirche der Habsburger, statt und lief nach dem üblichen Zeremoniell ab. Die Trauung nahm Sigismund Hohenwart, der Fürsterzbischof von

Wien, vor, als Bräutigam fungierte Erzherzog Carl, der Bruder des Kaisers, der Napoleon am 21. Mai 1809 die erste Niederlage in dessen glanzvoller militärischer Karriere zugefügt hatte.
Nach der Zeremonie gab es für die Festgäste in der Hofburg eine glanzvolle Tafel. Die Wiener Innenstadt war illuminiert, der Besuch der Theater, auch in den Vorstädten, an diesem Tag kostenlos. Es war dennoch nicht alles eitel Wonne. Die Hocharistokratie rümpfte die Nase über die Verehelichung der Kaisertochter mit dem Parvenü, dem ungehobelten Emporkömmling aus Korsika, der sich das Kaisertum angemaßt hatte. Der in kaiserlichen Diensten ergraute, geistsprühende Feldmarschall Charles Joseph de Ligne, der nie um ein Bonmot verlegen war, orakelte, »dem Minotaurus werde eine schöne Färse geopfert«, und die Fürstin Liechtenstein meinte: »Die kleine Erzherzogin ist ein wahres Opfer. Wie schrecklich ist es, diesem Mann seine Tochter zu geben.«
Der Vorwurf, und als solcher war er wohl gedacht, wird Kaiser Franz wohl nicht zu Ohren gekommen sein. Der Kaiser war seiner Tochter sehr zugetan, aber das Staatsinteresse, das Wohl und Wehe seiner Dynastie waren ihm wichtiger als das Glück seines Kindes.

Am 13. März (der ein Schicksalstag Österreichs zu sein scheint) 1810 nahm Marie Louise im Audienzsaal der Hofburg Abschied von ihren Eltern, den Geschwistern und dem versammelten Hofstaat. Die Trennung fiel ihr unendlich schwer. Kein Wunder. Sie ging einer ungewissen Zukunft, einer Ehe mit einem Mann entgegen, für den sie nichts als Abscheu und Abneigung empfand.
Der Kaiserin Maria Ludovica, der dritten Gemahlin Franz' I., lungenkrank und von schwächlicher Konstitution, setzte der Abschied von der geliebten Stieftochter, der sie mehr Schwester und Freundin als Mutter war, besonders hart zu. Sie fühlte sich so schwach, dass sie Louise nicht einmal zu ihrem Wagen begleiten konnte.
Der Brautzug, der aus 83 Kutschen mit etwa 300 Personen bestand, setzte sich am Vormittag in Bewegung, wälzte sich den Graben und die Kärntner Straße entlang und verließ durch das Kärntnertor die mauerumgürtete Stadt.

Die Fahrt nach St. Pölten, der ersten Raststation, die man heute in knappen dreißig Minuten bewältigt, nahm damals auf staubigen, holprigen Straßen etliche Stunden in Anspruch.
In der kleinen Stadt an der Traisen wurde Marie Louise vom kaiserlichen Vater erwartet, der dem Brautzug vorausgefahren war. Er geleitete die Tochter am nächsten Tag bis nach Enns, wo es endgültig Abschied nehmen hieß. Über Lambach und Ried erreichte die Kavalkade am 16. März Braunau am Inn. Hier ging nach einem ausgeklügelten Plan die Übernahme der Braut in die Obhut des französischen Hofstaates, der von Caroline, der Königin von Neapel und Schwester Napoleons, geleitet wurde, vonstatten.
Die beiden Damen begegneten einander mit reservierter Zurückhaltung, die jedoch bald einer wohlwollenden Zuneigung wich. Fortan teilten sie den viersitzigen Reisewagen miteinander.
Durch Bayern und Württemberg, wo der Brautzug in zahlreichen Städten begeistert willkommen geheißen wurde, ging es dem Land entgegen, das Marie Louise zur neuen Heimat werden sollte.
Der Bräutigam traf unterdessen alle nur denkbaren Vorkehrungen für die Hochzeitsfeierlichkeiten in Paris, schickte der Braut Geschenke und Liebesbriefe und gab Anweisungen für sein erstes Zusammentreffen mit ihr. Es sollte nach einem genau ausgetüftelten Plan in der Stadt Soissons vor sich gehen.
Alles war bis ins Detail geregelt, jeder Schritt, jede Geste vorgeplant. Und dann kam doch alles ganz anders. Unkonventionell, wie er nun einmal war, warf der Kaiser der Franzosen alle Pläne über den Haufen, fuhr der Braut entgegen, ließ, als die Wagen einander begegneten, anhalten, sprang von einem in den anderen, drückte der völlig verdatterten Habsburgerin einen Kuss auf die Lippen und nahm neben ihr Platz. Sein Draufgängertum machte sich bezahlt. Marie Louise war vom ungewöhnlichen Benehmen des Kaisers keineswegs unangenehm berührt. Sie blickte den ungestümen Galan forschend an und presste den Satz heraus: »Sire, Ihr Bildnis ist nicht geschmeichelt.« Ob es als Kompliment gemeint war und von Napoleon als solches gewertet wurde, ist nicht überliefert.
Die Fahrt ging ohne weitere Umschweife weiter. Ziel war das

Schloss Compiégne, wo das Kaiserpaar spätabends ankam und vom versammelten Napoleonclan auf der Schlosstreppe empfangen wurde. Nach einem Souper zog man sich zur Nachtruhe zurück.

Dem Zeremoniell zufolge hätte der Welteroberer die Nacht außerhalb des Schlosses verbringen sollen. Die offizielle Trauung in Paris stand ja noch bevor. Aber Bonaparte überlegte es sich anders. Er bezog ein Zimmer neben jenem Marie Louises und verbrachte die Nacht bei seiner jungen Frau. Das verstieß natürlich gegen jahrhundertealten Anstand und Sitte. Der Korse hat sich freilich nie darum gekümmert.

Und die sittenstrenge Habsburgerin? Wie verhielt sie sich? Marie Louise fügte sich den Wünschen des Gemahls. Was hätte sie auch sonst tun können?

Mit dem Ergebnis der vorverlegten Hochzeitsnacht war sie offensichtlich sehr zufrieden. Napoleon erwies sich als zärtlicher, einfühlsamer Liebhaber. »Er liebt mich inniglich«, schrieb sie am 29. März 1810 dem geliebten Papa. »Ich bin ihm auch sehr erkenntlich und erwidere herzlich seine Liebe; ich finde, dass er sehr gewinnt, wenn man ihn näher kennt, er hat etwas Einnehmendes und Zuvorkommendes, dem man unmöglich widerstehen kann. Ich bin überzeugt, dass ich recht zufrieden mit ihm leben werde.«

Auch der 41-jährige Kaiser der Franzosen, der auf etliche amouröse Abenteuer in seinem Leben zurückblicken konnte, zeigte sich am nächsten Tag beim Frühstück, das er im Bett des Schlafzimmers seiner Frau einnahm, höchst aufgeräumt. »Sie war ein reizendes Kind«, erinnerte er sich Jahre später, und dem Schwiegervater tat er kund: »Sie erfüllt alle meine Hoffnungen … wir passen gut zueinander.«

Nach der Hochzeitsnacht war die offizielle Ziviltrauung, die in der Galerie des Schlosses von Saint-Cloud stattfand, nur eine Formsache. Allerdings eine anstrengende. Marie Louise bekam einen Vorgeschmack davon, was es heißt, Kaiserin von Frankreich zu sein. Zur Begrüßung des Paares hatte sich die Crème de la crème eingefunden, die höchsten militärischen, politischen und kirchlichen Würdenträger der Grande Nation. An der kurzen Trauungszeremonie,

die der Fürsterzkanzler Jean Jacques Cambacérès vornahm, nahmen von österreichischer Seite der Botschafter am französischen Kaiserhof, Fürst Karl Philipp Schwarzenberg, Außenminister Graf Metternich und Gemahlin sowie etliche Kämmerer des Kaisers Franz teil. Zum Ärger Napoleons blieb eine Anzahl von Kardinälen dem gesellschaftlichen Ereignis fern. Sie brachten damit zum Ausdruck, dass sie die Scheidung des Kaisers von seiner ersten Frau, die nicht vom Heiligen Stuhl, sondern von einem willfährigen geistlichen Pariser Gericht sanktioniert worden war, missbilligten. Sie fanden sich auch zur kirchlichen Trauung nicht ein und wurden von Napoleon prompt gemaßregelt. Er beschuldigte sie des Verbrechens der Majestätsbeleidigung, sie wurden der Kardinalswürde entkleidet, verloren die Einkünfte aus ihren Gütern und mussten als einfache Priester in entlegenen Provinznestern die Messe lesen.
Die kirchlichen Vermählungsfeierlichkeiten fanden im Übrigen am 2. April 1810 in der Kapelle des Louvre nach einem mit Pomp und Glanz aufgezäumten Hochzeitszug durch die Straßen von Paris statt. Zuvor hatte es zwischen dem Kaiser und den weiblichen Mitgliedern seines Clans eine heftige Szene gegeben, als diese sich weigerten, die Schleppe des Krönungsmantels der Kaiserin zu tragen. »Sie versuchten es vergebens mit Tränen«, berichtete ein kaiserlicher Diplomat nach Wien, »mit Bitten, Ohnmachtsanfällen, kategorischer Weigerung. Der wütende Gebieter gab ihnen allerhand Namen; schließlich und endlich machte ein ›Ich will!‹ der Sache ein Ende.«
Um etwa vier Uhr nachmittags war das Spektakel dann vorüber. Marie Louise atmete auf. Sie hatte die Anstrengungen der vergangenen Tage und Wochen mit bemerkenswert vornehmer Haltung gemeistert.

Einen aufmerksameren Gatten hätte sich die Kaiserstochter aus Wien nicht wünschen können. Napoleon nahm Anteil an allem, was sie tat, machte ihr täglich Geschenke, wohnte ihren Mal- und Musikstunden bei, ließ sie keine paar Stunden am Tag allein. Um in ihrer Nähe zu sein, vernachlässigte er sogar die Staatsgeschäfte, ließ Bittsteller und Minister warten, plauderte mit ihr, spielte mit ihr

Schach, fuhr mit ihr aus, verlor nie die Geduld, auch dann nicht, wenn sie ihn warten ließ, was des Öfteren vorkam. Seine Gattin, dürfe, ordnete er an, nie allein sein. Stets war eine Hofdame um sie. Den Kavalieren verbot er, ihr die Hand zu küssen.

Napoleon handelte nicht aus Eifersucht. Er wollte vermeiden, dass es bei Hof zu ähnlichen Eskapaden kam wie zur Zeit seiner ersten Frau. Aber das war ohnehin nicht zu befürchten.

Marie Louise war das genaue Gegenteil von Joséphine Beauharnais. Sie war sanftmütig, bescheiden, sparsam und wahrheitsliebend. Sie hatte »Mesure«, wie es der Gatte nannte, Anstand und Haltung. Mit Joséphines Charme, ihrer Ausstrahlung, ihrer Intelligenz und leichtlebigen Koketterie konnte die Habsburgerin natürlich nicht Schritt halten. Dazu war sie zu hausbacken, zu redlich und zu undamenhaft. Dem Kaiser machte das offensichtlich nichts aus.

Marie Louise gefiel sich in der Rolle des Hausmütterchens. Sie bereitete, so wird es jedenfalls überliefert, dem Kaiser mit eigener Hand den Frühstückskaffee, worüber sich dieser geradezu entzückt zeigte. Den Vormittag verbrachte sie dann zumeist in ihren Gemächern, spielte Klavier, stickte und zeichnete. Am Nachmittag unternahm sie mit dem Gatten Spaziergänge, machte Ausflüge in die Umgebung, fuhr zuweilen mit ihm zur Jagd.

Das Diner, zu dem die junge Kaiserin zumeist etliche Personen einlud, fand um halb sieben Uhr abends statt. Auch Napoleon nahm gelegentlich daran teil. Er fand daran jedoch wenig Gefallen, da er ein schneller Esser war, während die Gemahlin Gourmetqualitäten besaß und das Mahl regelrecht zelebrierte, was ihren Körpermaßen nicht eben gut tat.

Bonaparte und seine junge Frau schliefen in getrennten Räumen. Das entsprach jedoch keineswegs den Vorlieben des Kaisers, der das gemeinsame Schlafzimmer favorisierte. Marie Louise aber war gewohnt, in einem ungeheizten Gemach zu schlafen, während Napoleon ein wohlig warmes Schlafzimmer vorzog. Es störte ihn auch, dass er, wenn er zu seiner Frau wollte, an einer Hofdame vorbeischleichen musste, die Marie Louise auch des Nachts »betreute«. Alle seine Einwände, diesen Zustand zu ändern, prallten an ihrem Eigensinn ab. Marie Louise behielt die Oberhand. Der sexuellen Harmonie hat es, scheint's, nicht geschadet.

Geistige Gemeinsamkeiten zwischen den Eheleuten gab es kaum. Napoleon vermied es auch, seine Gattin mit Politik zu befassen. Seine hochfliegenden (Eroberungs-)Pläne und staatsmännischen Absichten besprach er mit seinen Generälen und Ministern, wenn er nicht überhaupt einsame Beschlüsse fasste.

Marie Louise fand sich am französischen Kaiserhof nur schwer zurecht. Das lag weniger an ihrer Umgebung als an ihr selbst. Sie wirkte und war gehemmt, war wenig anpassungsfähig und hatte außer ihrer Ersten Hofdame, der eleganten, weltmännischen Herzogin von Montebello, kaum jemanden, dem sie sich anvertraute. Sie fühlte sich nur in deren Gesellschaft wohl und bekundete offen ihre Sympathien für sie, was natürlich die Eifersucht und den Neid der übrigen Mitglieder ihres Hofstaates erregte.

Marie Louise mied die Öffentlichkeit, so gut sie konnte, das Repräsentieren lag ihr nicht. Sie hatte es nicht gelernt, sich in Szene zu setzen. Am Kaiserhof in Wien war es recht bürgerlich zugegangen, Kaiser Franz I. war kein Freund steifer Würde. Napoleon liebte es anders. Der Empereur stellte seine Macht gerne zur Schau, sonnte sich, wenn er nicht gerade Krieg führte, im Glanz seines Kaisertums, gab pompöse Empfänge und wohnte gerne aufwändigen Festveranstaltungen bei, bei denen er von seinen Trabanten umkreist wurde.

Bei einem dieser Feste zum Abschluss der Hochzeitsfeierlichkeiten kam es am 1. Juli 1810 zu einer Katastrophe, die über Paris und Frankreich hinaus in Adelskreisen Bestürzung hervorriet. Der Veranstalter, der österreichische Botschafter Fürst Karl Schwarzenberg, hatte, da das Botschaftsgebäude für die zahlreich geladenen Gäste zu klein war, im Park einen großen Holzpavillon errichten lassen, der als Tanzsaal diente. Das Fest war in vollem Gang, als plötzlich Feuer ausbrach. Innerhalb kürzester Zeit stand der hölzerne Bau in Flammen, unter den Anwesenden brach eine Panik aus. Der Kaiser und die Kaiserin entkamen mit Hilfe des Gastgebers mit knapper Not dem Inferno. Die Rettungsversuche für andere Teilnehmer des

Festes waren weniger erfolgreich. Außer der Fürstin Schwarzenberg, der Schwägerin des Botschafters, waren an die zwanzig Tote und sechzig Schwerverletzte zu beklagen. Eine traurige Bilanz. Ob Napoleon darüber mehr erschüttert war als über die Hunderttausenden Soldaten, die er auf den Schlachtfeldern Europas für seinen eigenen Ruhm und die Glorie Frankreichs hingeopfert hatte?

Einen Tag nach dem Schock, den ihr die Feuersbrunst versetzt hatte, sandte Marie Louise eine Freudenbotschaft nach Wien ab. Sie sei, wie ihr der Hofarzt versichert hatte, in guter Hoffnung, teilte sie dem Papa mit. Der Kaiser sei darüber unendlich erfreut und sie habe bereits das Reiten und Tanzen eingestellt. Der biedere Monarch in der Hofburg war gerührt. Sie solle sich vor allem davor hüten zu »erschröcken« wie seine verstorbene Frau, die aus diesem Grund ein paarmal um ihr Kind gekommen sei, antwortete er der Tochter im fernen Paris. Sie erschrecke über gar nichts, beruhigte Marie Louise den über alles verehrten Vater in ihrem Antwortschreiben.
Die Kaiserin der Franzosen und der um sie sehr besorgte Ehegatte verließen die Hauptstadt und hielten sich in den nächsten Wochen und Monaten in verschiedenen Königsschlössern auf, wo es weniger gesellschaftliche Verpflichtungen gab und das Paar ungezwungen leben konnte. Die Geburt des Kindes lag zwar noch in einiger zeitlicher Entfernung, doch waren beider Gedanken unentwegt mit dem großen bevorstehenden Ereignis beschäftigt. Marie Louise erhoffte sich inbrünstig einen Sohn und auch Napoleons Sinnen und Trachten war ganz auf einen männlichen Nachkommen eingestellt, obwohl er vorgab, auch mit einer Tochter zufrieden zu sein. Ein Sohn würde freilich sein Erbe antreten können und eine Dynastie begründen: das Haus Bonaparte. War es doch sein größter Wunsch, dass das von ihm begonnene Werk fortgesetzt und gesichert würde für alle Zukunft. Er wollte keine Sternschnuppe sein, die den Himmel der Geschichte für einen Augenblick erhellt, um gleich wieder zu verglühen. Für seinen Erben, den ersehnten Thronfolger, hielt er auch bereits den Titel bereit, den er ihm in die Wiege legen wollte: »König von Rom«.

Napoleon berief sich gerne auf die römische Antike, er sah und betrachtete sich als modernen Caesar, der nach den Auswüchsen der Französischen Revolution, nach dem politischen Chaos, das Staatsschiff wieder auf Kurs gebracht, Recht und Ordnung wiederhergestellt hatte. Er fühlte sich als Imperator, als Beherrscher eines europäischen Großreiches, in dem wie im Imperium Romanum die Völker von *einem* Willen beherrscht wurden.

In der Tat stand Napoleon Bonaparte 1810 auf dem Höhepunkt seiner Macht. Das Empire reichte von Norddeutschland bis Süditalien, von der Südspitze Spaniens bis an die Ostsee und die Westgrenze des Zarenreiches. Er hatte Europa seinem Diktat unterworfen.

Für die Geburt des »Königs von Rom« traf der Empereur alle nur erdenklichen Maßnahmen. Er suchte persönlich die Amme aus, entschied über die Mitglieder des Hofstaates, bestellte zwei Ärzte, die zu täglichen Visiten verpflichtet wurden, und bestimmte, welche Appartements in den Tuilerien für das kaiserliche Kind bereitzustellen waren. Dem »König von Rom« sollten ein Schlaf-, Wohn- und Speisezimmer, ein Arbeitskabinett und eine Garderobe zur Verfügung stehen. Natürlich mit herrschaftlichen Ausmaßen.

Das große, freudige Ereignis kündigte sich am Abend des 19. März 1811 an. Marie Louise war eben dabei, sich für eine Theatervorstellung anzukleiden, als sie von den ersten Wehen überrascht wurde. Man geleitete sie in ihr Schlafzimmer und sogleich nahm der Staatsakt seinen Lauf, den das Zeremoniell im 19. Jahrhundert bei der Geburt eines Kindes an Fürstenhöfen vorschrieb. Die kaiserliche Familie, die höchsten weltlichen, geistlichen und militärischen Würdenträger des Staates fanden sich in großer Gala in den Gemächern der Kaiserin ein und warteten anteilnehmend auf die entscheidende Stunde.

Marie Louise wurde von ihren Hofdamen, den Kammerfrauen und einem Arzt betreut, der Gemahl und große Schlachtenlenker, den man eilends geholt hatte, erwies sich in diesen Stunden als hilfloser Statist. Er sprach seiner Frau, die sich unter Geburtswehen krümmte und Schmerzensschreie ausstieß, ratlos Trost zu. Die Geduld der Wartenden wurde auf eine harte Probe gestellt. Die Stunden vergingen. Es wurde Mitternacht, der Morgen dämmerte und die Kaiserin hatte noch immer nicht entbunden. Gegen fünf Uhr früh schlief sie ein. Und auch die vornehmen Damen und Herren in den Salons waren längst auf ihren Stühlen eingeschlummert. Endlich, gegen acht Uhr morgens, tat sich etwas. Der Kaiser, der sich für eine Weile in seine Gemächer zurückgezogen hatte, eilte, rasch herbeigerufen, blass und übernächtig wieder an die Stätte des Geschehens zurück. »Das Wasser ist gebrochen, aber das Kind hat eine ungewöhnliche Lage. Ich muss mit der Zange eingreifen«, presste der Entbindungsarzt knapp hervor, als Napoleon den Raum betrat. Ob der Kaiser etwas dagegen habe? Dieser überlegte nicht lange. »Verhalten Sie sich so, als ob Sie eine Bürgersfrau entbinden würden. Retten Sie die Mutter, wenn Sie nicht beide retten können«, erwiderte er mit befehlsgewohnter Entschiedenheit.

Es dauerte noch einige Zeit, ehe Marie Louise um 9.20 Uhr von einem Knaben entbunden wurde. Beide blieben am Leben, Mutter und Kind. Der überglückliche Kaiser der Franzosen hatte seinen männlichen Erben.

In Paris verkündeten hundertundein Kanonenschüsse die Geburt eines Thronfolgers, im ganzen Land wurden die Glocken geläutet. Der Jubel, glaubt man den Gazetten, war grenzenlos. Feste wurden gefeiert, Fahnen gehisst, Feuerwerke abgebrannt, Gottesdienste abgehalten, Brot an das Volk verteilt, Wein ausgeschenkt.

Die Wöchnerin, die am 6. April 1811, mehr als vierzehn Tage nach der Geburt, zum ersten Mal das Kindbett verließ, war über die »Beweise der Anhänglichkeit« ihres Gatten während und nach der Geburt beglückt. »Diese Beweise«, schrieb sie dem Papa, würden sie »auf ewig an ihn fesseln.« Das Versprechen, im Überschwang der Gefühle geäußert, konnte der politischen Realität nicht standhalten.

Der Säugling, der auf den Namen Napoleon Franz Carl Joseph getauft wurde, entwickelte sich zur Freude der Eltern prächtig. Der Vater war in den Kleinen buchstäblich vernarrt. »Der Kaiser gibt sich erstaunlich mit ihm ab«, berichtete Marie Louise nach Wien, »er trägt ihn auf dem Arm und ist wirklich kindisch mit ihm, er will ihm auch schon zu essen geben, welches ihm aber übel anschlägt.«

Napoleon Bonaparte war ein überaus zärtlicher Vater. Er herzte seinen Sohn, rutschte mit ihm, als er zu kriechen begann, auf dem Boden herum, trieb mit ihm Schabernack. Der »König von Rom« war der Lichtblick seines Lebens. »Seine Geduld mit diesem Kind war unerschöpflich«, stellte einer fest, der es wissen musste: Napoleons Sekretär, Baron Claude François Méneval.

Der kaiserlichen Familienidylle war keine lange Dauer beschieden. Zu Beginn des Jahres 1812 deuteten alle Anzeichen auf einen neuen Krieg hin. Napoleons Pläne und Vorbereitungen für einen Feldzug gegen Russland, das sich seinen Wirtschaftsmaßnahmen (»Kontinentalsperre«) widersetzte, waren weit gediehen und in ein konkretes Stadium eingetreten. Selbst der politisch ahnungslosen Kaiserin, die in die Absichten und Entschlüsse ihres eroberungssüchtigen Gemahls nicht eingeweiht war, schwante etwas. Sie habe von den »Gerichten« (sie meinte Gerüchten) gehört, dass es wieder Krieg geben werde, schrieb sie dem Vater nach Wien. Kaiser Franz I. war über die Intentionen seines Schwiegersohnes natürlich längst informiert. Er war darüber keineswegs erfreut. Denn Napoleon bestand darauf, dass auch die Habsburgermonarchie zur Grande Armée, an deren Spitze er Zar Alexander I. in die Knie zwingen wollte, ein Truppenkontingent von 30000 Mann beisteuerte. Es wurde unter den Oberbefehl des Fürsten Karl Schwarzenberg gestellt.
Ehe er zu dem Feldzug aufbrach, der zum größten Desaster seiner militärischen Laufbahn werden sollte, versammelte der Imperator am sächsischen Königshof die europäischen Monarchen um sich, die ihn nolens volens ihre Reverenz erweisen mussten.
Napoleon trat auch mit dem österreichischen Kaiserpaar zusammen. Marie Louise, die nach Dresden mitgekommen war, sah nach ihrer Heirat den Vater zum ersten Mal wieder und begrüßte ihn freudig. Während Franz I. dem Charisma des Korsen erlag und sich eine kurze Weile sogar mit dem Gedanken trug, ihn nach Russland zu begleiten, blieb seine kränkelnde Gemahlin, Maria Ludovica, die Napoleon aus ganzem Herzen hasste, vom Charme des Welteroberers völlig unbeeindruckt.

Die Monarchen genossen mit ihrer Begleitung ein paar Tage unbeschwerter Heiterkeit. Dann nahmen sie voneinander ahnungsvollen Abschied. Napoleon begab sich zu seiner Armee in Ostpreußen, Marie Louise fuhr zu einem kaiserlichen Familientreffen nach Prag. Sie schloss dort einige ihrer Geschwister bewegt in die Arme. Am 18. Juli 1812 kehrte sie zu ihrem Sohn nach Frankreich zurück, der im Augenblick ihr einziger Trost war.

Die Trennung von ihrem Gemahl bedrückte und betrübte sie. Napoleon, dessen Kräfte ganz von den Ereignissen des Feldzuges beansprucht wurden, fand dennoch Zeit, seiner Gattin Briefe zu schreiben. Er beteuerte ihr darin seine Liebe, ermunterte sie, versicherte ihr, bald wieder heimzukehren, und erkundigte sich nach dem Befinden des Sohnes. Über die militärischen Operationen, den Zustand des Heeres, seine eigene Befindlichkeit ließ er sie weitgehend im Unklaren.

Marie Louise überhäufte in ihren Briefen den Gemahl mit Zärtlichkeiten und hielt ihn über die Entwicklung des Königs von Rom auf dem Laufenden. So berichtete sie ihm am 13. September 1812: »Mein Sohn ist recht wohl und wird immer schöner und stärker, er lauft ganz allein herum, hat schon 15 Zähne, er redet aber noch nicht.« Der Feldherr im fernen Russland war darüber nicht beunruhigt. »Dass er noch nicht redet, hat nichts zu bedeuten, es wird schon kommen …«, ließ er die Gemahlin wissen.

Das Russlandabenteuer Napoleons verlief zunächst erfolgversprechend. Die Grande Armée überschritt am 24. Juni 1812 den Njemen (die Memel), den Grenzfluss zwischen dem napoleonischen Europa und dem Zarenreich, und drang widerstandslos auf russisches Gebiet vor. Von der gegnerischen Armee war weit und breit nichts zu sehen. Der Vormarsch stieß ins Leere. Die Russen wichen zurück und ließen niedergebrannte Dörfer und Städte zurück. Kein Schuss wurde abgefeuert, es gab kein Gefecht, keinen Schlachtenlärm.

Die Strategie der verbrannten Erde, des Zurückweichens, die Zar Alexander und seine Feldherren anwandten, bewährte sich. Denn je weiter die Franzosen und ihre Verbündeten auf russisches Gebiet vordrangen, desto schwieriger gestaltete sich die Versorgung der

Truppe. Es fehlte bald an allem und jedem. Die von Hunger, Durst und Krankheiten geplagte Armee quälte sich auf endlosen, staubigen Straßen nach Osten weiter. Tag für Tag blieben Tausende von Grenadieren halb verhungert, erschöpft und von der Ruhr gepeinigt zurück und verendeten wie Tiere in den Weiten Russlands. Bereits vierzehn Tage nach Beginn des Feldzuges hatte Napoleon ohne Schlacht weit mehr als 100000 Mann verloren. Wie lange sollte das so weitergehen? Konnte man einen Gegner besiegen, der sich nicht zum Kampf stellte? Die Marschälle rieten zur Umkehr, die Soldaten begannen zu murren. Napoleon trieb sie unerbittlich weiter. Die Grande Armée eroberte Smolensk, Anfang September stellten sich die Russen bei Borodino zum ersten Mal einer Schlacht. Die Franzosen behaupteten unter enormen Verlusten das Feld. Es war ein Pyrrhussieg. Die russische Armee trat einen geordneten Rückzug an, Napoleon zog an der Spitze seines arg ramponierten Heeres am 14. September in Moskau ein. Der Kaiser der Franzosen bezog im Kreml Quartier, die Marschälle machten es sich, so gut es ging, in den Adelspalästen bequem.

War der Feldzug entschieden? Napoleon schien es zu glauben. Was ihm zum endgültigen Sieg allerdings fehlte, war der Frieden. Der Zar würde sich bald dazu bereit finden, war er überzeugt. Napoleon sollte sich täuschen. Schon bald nach dem Einzug der Armee, die das Attribut »groß« längst nicht mehr verdiente, ging Moskau in Flammen auf und die Friedensangebote des Eroberers stießen beim Zaren auf taube Ohren.

Napoleon sah sich einer völlig ungewohnten Situation gegenüber. Er saß buchstäblich in der Falle. Was sollte er tun? Entschlusslos lag er stundenlang auf dem Diwan, wälzte Gedanken, las Romane, erließ Armeebefehle, reorganisierte von Moskau aus per Dekret die Comédie Française. Sein Körper war geschwächt. Der Kaiser litt an Verstopfung, Hämorrhoiden, Darmbeschwerden und Magenkrämpfe quälten ihn. Der Gemahlin schrieb er beruhigende Briefe.

Woche um Woche verstrich, der russische Winter rückte näher. Endlich, nach langem, allzu langem Zögern, gab der Empereur am 19. Oktober 1812 den Befehl zum Rückmarsch. An Marie Louise, der

er wie immer den wahren Sachverhalt verschwieg, schrieb er: »Da Moskau abgebrannt ist und keine militärische Basis für meine ferneren Pläne darstellt, werde ich es räumen lassen und die Garnison, die ich dort gelassen habe, zurückziehen … Meine Sache steht gut.«
Der Rückzug wird zum Inferno. Was von der einstigen Großen Armee noch übrig geblieben ist, geht bis auf einen kleinen Rest elend zugrunde, wird erschossen, von nachrückenden Kosaken erschlagen, verhungert, erfriert bei einer Temperatur von minus –35 Grad. Der siegesgewohnte Feldherr verlässt in der Nacht vom 5. zum 6. Dezember, in einen Pelz eingehüllt, mit ein paar Getreuen die Armee und erreicht knappe vierzehn Tage später Paris.
Es war 11 Uhr nachts, als die Kalesche vor den Tuilerien anlangte. Die ahnungslose Gattin war bereits zu Bett gegangen, als der Gemahl in das Schlafzimmer stürmte und sie in seine Arme schloss. Das Bulletin, das anderntags erschien, endete mit dem Satz: »Das Wohlbefinden Seiner Majestät des Kaisers ist nie besser gewesen.« Das war nicht nur eine glatte Lüge, sondern eine Unverfrorenheit sondergleichen. Seinen Ministern gegenüber zeigte sich Napoleon einsichtiger: »Nun ja, meine Herren«, gestand er, »das Glück hat mich geblendet; ich habe mich hinreißen lassen. Ich war in Moskau; ich habe geglaubt, ich könnte den Frieden unterzeichnen, und ich blieb zu lange dort.«

Napoleon war geschlagen, aber nicht besiegt. Während seines Russlandfeldzuges hatte es einen Umsturzversuch gegeben, der allerdings scheiterte. Kaum nach Paris zurückgekehrt, nahm der Kaiser die Zügel wieder fest in die Hand, brachte den Staatsapparat in Ordnung und verfolgte den Plan, seiner Gattin die Regentschaft zu übertragen, falls er demnächst wieder außer Landes sein würde. Schon zeichnete sich nämlich ein neuerlicher Waffengang mit Russland, Preußen und wahrscheinlich auch mit Österreich ab.
Marie Louise sollte in Nôtre Dame vom Papst zur Kaiserin, der Sohn zum König von Rom gekrönt werden. Pius VII. wies dieses Ansinnen des Kaisers jedoch zurück und so musste sich der machtgewohnte Empereur damit begnügen, die Gemahlin lediglich zur

Regentin zu machen. Die damit verbundene Zeremonie fand am 30. März 1813 in Anwesenheit sämtlicher Minister im Thronsaal des Elysée-Palastes statt. Zwei Wochen später trat der Ernstfall ein. Napoleon eilte ins Feld und Marie Louise war genötigt, den Verpflichtungen nachzukommen, die sich aus ihrer neuen Stellung ergaben: Sie empfing das Diplomatische Korps, präsidierte Ministerratssitzungen und wohnte Staatsakten bei. Wohl fühlte sie sich dabei nicht. Marie Louise war nicht zum Herrschen geboren. Sie war unsicher, ängstlich, öffentlichkeitsscheu und diesen Aufgaben nicht gewachsen. Natürlich tat sie im Wesentlichen nur das, was ihr die Minister rieten und womit der Gatte sie brieflich beauftragte. Als sie einmal wegen einer Unpässlichkeit den ehrwürdigen Erzkanzler Jean Jacques Cambacérès zu einer Unterredung in ihrem Schlafzimmer empfing, wurde sie vom kaiserlichen Gemahl wegen dieses ungebührlichen Benehmens unsanft gerügt. »Mein Wunsch ist«, wies der Kaiser sie zurecht, »dass Sie im Bett unter keinen Umständen und unter keinem Vorwand wen immer empfangen. Das darf sich nur eine Frau erlauben, die dreißig vorüber ist.«

Napoleon hatte noch immer Charisma. Er übte auf die Soldaten, die er nach dem Desaster in Russland in Windeseile zusammengetrommelt hatte, wie stets eine ungewöhnliche Faszination aus. Aber sein Stern war im Sinken begriffen. Bei Leipzig stand er im Oktober 1813 gegen die verbündeten Heere der Russen, Preußen und Österreicher auf verlorenem Posten.

Diesmal war der Rückweg nicht so weit und strapaziös. Am 9. November hielt sein Reisewagen nach der verlorenen Schlacht vor dem Schloss von Saint-Cloud, wo ihn Frau und Kind zumindest vorübergehend über seine missliche Lage hinwegtrösteten.

Auf seinen kleinen Sohn war Napoleon richtiggehend stolz. Der Kaiser vergötterte ihn, erfüllte ihm jeden Wunsch, verwöhnte ihn nach Noten. Auch die Mutter und das gesamte Erziehungspersonal sahen dem Kind alle seine Launen nach. Dem Kleinen tat es nicht gut. Er entwickelte sich zu einem regelrechten Wildfang, benahm sich ungezogen, herrisch und eigenwillig. Seine Tobsuchtsanfälle versetzten den Hof in helle Aufregung.

Militärisch stand es um den Kaiser der Franzosen schlecht. Am 21. Dezember 1813 drang Schwarzenberg von der Schweiz her auf französisches Gebiet vor, in der Neujahrsnacht überschritten die Preußen den Rhein, ein englisch-spanisches Heer unter Wellington rückte vom Süden heran.

Napoleon nahm in einer letzten, verzweifelten Kraftanstrengung den Kampf auf. Ehe er sich zur Armee begab, übertrug er seiner Gemahlin zum zweiten Mal die Regentschaft und nahm dann im Morgengrauen des 25. Januar 1814 Abschied von seiner Familie. Er schlich auf Zehenspitzen zum Bett seines Sohnes und drückte dem schlafenden Knaben einen Kuss auf die Stirn, dann presste er die weinende Gattin ans Herz. Es war ein Abschied für immer. Der Kaiser schien es zu ahnen. Er hat Frau und Kind nie mehr wieder gesehen.

Marie Louise schrieb noch am Abschiedstag ihrem Gemahl einen Brief. »Mein lieber Freund«, heißt es darin, »... ich bin seit Deiner Abreise so traurig, dass ich an nichts anderes denken kann. Ich sage mir vergebens, dass Du mir befohlen hast, mich zu trösten, ich glaube, es ist unmöglich, diese Trennung hat mich noch mehr betrübt als die früheren, ich sehe seit langer Zeit alles so schwarz, dass ich Deiner Verzeihung bedarf. Übrigens werde ich mich an solche Trennungen, obwohl sie oft vorkommen, niemals gewöhnen, ich liebe Dich zu sehr, als dass ich imstande wäre, mich heiter und wohl zu fühlen, ehe Du zurückgekehrt bist oder ich wenigstens Nachrichten von Dir habe ... Dein Sohn umarmt Dich und hat mir aufgetragen, Dir zu sagen, dass er Dich von ganzem Herzen liebt ... Adieu, mein lieber Freund, ich umarme Dich und liebe Dich von ganzem Herzen. Louise.«

Napoleon bäumte sich gegen die feindliche militärische Übermacht, die im Lande stand, auf. Er teilte wie in alten Zeiten mit seinen Soldaten Freud und Leid, schonte sich nicht, setzte sein Leben aufs Spiel. In einigen Gefechten errang er durch rasches Manövrieren überraschende Siege, verblüffte seine Gegner durch seine noch immer bemerkenswerte Wendigkeit und Entschlusskraft. Mehrmalige

Friedensangebote wies er zurück. Er war davon überzeugt, das Blatt noch einmal wenden zu können. Dazu war es freilich längst zu spät. Ende März 1814 nahmen die gegnerischen Armeen Kurs auf Paris. Der Fall der Hauptstadt war nur noch eine Frage der Zeit. Die unschlüssige, schwache Marie Louise wurde vor eine schwere Entscheidung gestellt. Sollte sie ausharren und sich den Feinden ausliefern oder mit ihrem und Napoleons Sohn fliehen? Sie hatte vor zu bleiben. Aber der Regentschaftsrat, der darüber entschied, wollte es anders. Er berief sich auf einen Brief des Kaisers an seinen Bruder Joseph, in dem er dazu geraten hatte, seine Frau und seinen Sohn vor den Gegnern in Sicherheit zu bringen. Marie Louise fügte sich unwillig. »Nach langen Debatten hat man endlich beschlossen, dass ich abreisen müsste, und zwar spätestens morgen früh«, schrieb sie dem Gemahl mit Datum vom 29. März. »Ich gestehe Dir, dass ich ganz und gar gegen diesen Plan bin, ich bin sicher, dass dies auf die Pariser eine schreckliche Wirkung tun wird … Aber Du hast mir gesagt, dass der Rat des Erzkanzlers befolgt werden müsste, und ich werde es unter diesen Umständen tun, weil ich meinen Sohn keiner Gefahr aussetzen möchte …«

In den Tuilerien machte man sich in aller Eile reisefertig, packte in Kisten und verlud auf Reisekutschen die wertvollsten Besitztümer: die Kronjuwelen und den Kronschatz, das persönliche Eigentum der Kaiserin und ihres Sohnes, Juwelen, Pelze, Silber, Porzellan.

Am Vormittag des 30. März brach die Wagenkolonne, von 1200 Gardisten eskortiert, auf und verließ, kaum beachtet, über die Champs-Élysées die Hauptstadt. Am Abend erreichte man Schloss Rambouillet. Von dort ging es weiter nach Chartres und über Châteaudun nach Blois. Marie Louise hatte als junge Erzherzogin von Österreich zweimal vor Napoleon aus der kaiserlichen Haupt- und Residenzstadt flüchten müssen. Nun war sie auf der Flucht vor einer Heeresmacht, zu der auch österreichische Verbände gehörten.

Unterdessen waren Zar Alexander I. und der Preußenkönig Friedrich Wilhelm III. an der Spitze der alliierten Armeen in Paris eingezogen. Kaiser Franz I. war nicht mit von der Partie. Er zog es vor, dem Schauspiel fernzubleiben. Er verweilte in Dijon, wo er sein

Hauptquartier aufgeschlagen hatte, und überließ die Pose des Siegers Feldmarschall Fürst Karl Philipp Schwarzenberg.
Napoleons Lage war hoffnungslos geworden. Die meisten der »Getreuen«, die ihm einst zugejubelt hatten, wandten sich nun von ihm ab, drehten ihre Hälse wie Wetterhähne nach dem Wind. Der Senat in Paris beschloss die Absetzung des Usurpators. Noch gab der Kaiser freilich nicht auf, noch einmal versuchte er für sich und seinen Sohn den Thron zu retten. Vergeblich. Am 6. April 1814 unterschrieb er unter dem Zwang der Umstände die Urkunde, in der er für sich und seine Nachkommen auf den Thron von Frankreich verzichtete. Zwei Wochen später nahm er in Fontainebleau Abschied von seiner Alten Garde. Am 29. April schiffte er sich in Frejus auf dem englischen Dreimaster »The Undaunted« (Der Unerschrockene) ein und landete ein paar Tage später auf der Insel Elba, die ihm von den Siegern als Exil zugewiesen worden war.
Und Marie Louise? Was tat sie in diesen bewegten Tagen? Wie verhielt sie sich? Welche Pläne schmiedete, welche Entschlüsse fasste sie?
Die Kaiserin war keineswegs in einer beneidenswerten Situation. Über die von Tag zu Tag wechselnde Gesamtlage, über die sich überstürzenden politischen Entscheidungen, die hier wie dort gefällt wurden, wurde sie erst im Nachhinein informiert und auch dann erfuhr sie davon nur am Rande. Von Natur aus wankelmütig, wusste sie nicht ein und aus, fällte sie heute eine Entscheidung, die sie anderntags widerrief. Am 8. April war sie fest dazu entschlossen, sich zu ihrem Mann in Fontainebleau zu begeben. Sie wolle sein Los teilen und versuchen, ihm von irgendwelchen Nutzen zu sein, schrieb sie ihm. Schon stand die Kutsche zur Abfahrt bereit, da wurde sie von ihrer Ehrendame, der Herzogin Montebello, und den Brüdern des Kaisers zurückgehalten. Schließlich überredeten der Generaladjutant des Zaren, Graf Paul Schuwalow, und ein Vertreter der provisorischen französischen Regierung sie dazu, die Regentschaft niederzulegen und unter dem Schutz einer Gardeabteilung nach Orléans zu reisen. Ihr Hofstaat löste sich auf, das vierjährige Intermezzo als Kaiserin der Franzosen war zu Ende.

In Orléans, wo Marie Louise in der bischöflichen Residenz Quartier nahm, beschlagnahmte man das Privateigentum Napoleons, das sie mit sich führte, und ihren Schmuck. Sogar die Perlenkette, die ihr der Gatte zur Geburt ihres Sohnes geschenkt hatte, wurde ihr abgenommen. Noch hielt die Exkaiserin an ihrer Absicht fest, ihr Schicksal an das ihres entthronten Gatten zu ketten. Sie wollte ihn nach Elba begleiten. Das aber war ganz und gar gegen die Absichten jener Personen, die nun über ihr weiteres Leben entschieden. Im Vertrag von Fontainebleau, der ohne ihr Wissen und Zutun am 11. April 1814 abgeschlossen wurde, wies man ihr die Herzogtümer Parma, Piacenza und Guastalla als neues Herrschaftsgebiet zu. Vorerst aber sollte sie zur kaiserlichen Familie nach Wien zurückkehren, ihr Sohn am Kaiserhof erzogen werden. So wollte es Staatskanzler Fürst Metternich und Franz I. stimmte ihm zu.
Auch Marie Louise war letztlich mit dieser Entscheidung einverstanden. Von Schloss Rambouillet aus, wo sie mit Napoleon zuletzt gemeinsam gewohnt und den verehrten Vater zu einer abschließenden Unterredung getroffen hatte, trat sie die Reise in ihre österreichische Heimat an. Als sie am 21. Mai 1814 vor Schönbrunn, der habsburgischen Sommerresidenz, eintraf, war sie drei Wochen unterwegs gewesen. Die kaiserliche Familie hieß sie an der Feststiege freudig willkommen, die jüngeren Schwestern fielen ihr bewegt um den Hals. Der blonde, blauäugige Sohn Napoleons, der sich an die Hand der Mutter klammerte, wurde bestaunt und von allen Seiten in Augenschein genommen. Er fand allgemein Gefallen. Er war etwas mehr als drei Jahre alt, aber die Weltgeschichte hatte ihm schon übel mitgespielt. Wie übrigens auch der Kaisertochter, die einer ungewissen Zukunft entgegensah.

Marie Louise nahm im Westflügel des Schlosses Schönbrunn Quartier. Sie war zwar wieder in den Schoß der Familie zurückgekehrt, aber sie hatte sich in den Jahren ihrer Abwesenheit dem Wiener Hofleben entfremdet. Sie führte ihren französischen Lebensstil weiter, behielt ihre Gewohnheiten bei, duldete in ihrem Hofstaat keine Österreicherinnen (»die Deutschen riechen schlecht«) und bezog

ihre Kleider weiter aus Paris. Das machte natürlich böses Blut. »Allgemein bemerkte man, dass sie sich so benimmt und spricht, als ob der Kaiser Napoleon noch in Frankreich regierte«, berichtete Baron Joseph Hudelist, der Sekretär Metternichs, seinem Herrn, der sich noch in Paris aufhielt, am 27. Mai 1814.
Um sich die Tage zu verkürzen, nahm Marie Louise wieder Zeichen- und Malunterricht, lernte Italienisch, machte Spaziergänge und Ausritte und besuchte des Öfteren ihre Großmutter Maria Karoline von Neapel, die von den Franzosen aus ihrem Königreich vertrieben worden war und nun in Schloss Hetzendorf logierte.
Mit dem Gemahl, der sich mit seinem Exil auf Elba bereits abgefunden hatte, blieb sie in brieflicher Verbindung. Napoleon drängte sie, nach Parma zu gehen, aber sie wies dieses Ansinnen zurück. Sie wollte zunächst eine sechswöchige Kur im savoyischen Aix-les-Bains antreten, um ihre angeschlagene Gesundheit wiederherzustellen. Der kaiserliche Vater, dem sie diesen Wunsch mit ungewohnter Entschiedenheit vortrug, gab seine Zustimmung. Er wies ihr zu ihrem Schutz einen Ehrenkavalier zu, der sie in den mondänen Badeort begleiten und dort alle ihre Schritte überwachen sollte.
Adam Adalbert Graf Neipperg, der nun in Marie Louises Leben trat, entstammte einem alten fränkischen Adelsgeschlecht. Er war bereits als Fünfzehnjähriger in die kaiserliche Armee eingetreten und hatte es durch Tüchtigkeit und Tapferkeit bis zum Feldmarschallleutnant gebracht. Er war auf den verschiedenen Kriegsschauplätzen mehrmals verwundet worden und hatte durch einen Säbelhieb sein rechtes Auge eingebüßt. Der schneidige Offizier wurde auch in diplomatischen Missionen eingesetzt, wobei er viel Geschick, Geschmeidigkeit und Vermittlungskunst bewies.
Adam Neipperg, verheiratet und Vater von vier Söhnen, war gebildet. Er beherrschte mehrere Sprachen und war schriftstellerisch begabt. Baron Claude Méneval, der Sekretär Marie Louises, bescheinigte ihm Takt, Ehrgeiz, Eitelkeit und Bescheidenheit.
Der General war über die ihm zugedachte Rolle nicht eben begeistert, aber es blieb ihm nichts anderes übrig, als sie zu akzeptieren.
Marie Louise reise am 29. Juni 1814, von einem zahlreichen Gefol-

ge, zu dem auch drei Ärzte und zwei Vorleserinnen gehörten, begleitet, von Schönbrunn ab. Den Sohn überließ sie der großväterlichen Obhut. In Aix wartete bereits Graf Neipperg auf sie, der sie ab nun begleitete.
Zwischen der Exkaiserin und dem einäugigen General, der ihr von Tag zu Tag besser zu gefallen schien, entwickelte sich allmählich ein Vertrauensverhältnis, aus dem schließlich eine Zuneigung und letztendlich eine Liebesbeziehung wurde. Den Gatten in Elba verdrängte die Habsburgerin mehr und mehr aus ihrem Gedächtnis.
Marie Louise und ihr Liebhaber verließen nach mehrwöchigem Aufenthalt am 5. September 1814 Aix und kehrten über die Schweiz nach Schönbrunn zurück, wo der kleine Napoleon, der jetzt »Franz« gerufen wurde, die Mutter bereits sehnsüchtig erwartete. Den fremden Grafen schloss der Kleine augenblicklich in sein Herz. »Die beiden sind die besten Freunde und es vergeht kein Tag, an dem sie vor dem Abendessen nicht ein oder anderthalb Stunden miteinander spielen«, teilte die Erzherzogin ihrer Vertrauten, der Herzogin von Montebello, mit.
In Wien hatte unterdessen der Kongress seinen Anfang genommen. Die europäische Staatenwelt sollte nach den durch Napoleon verursachten Umwälzungen neu geordnet werden. Marie Louise blieb dem bunten Treiben, das sich innerhalb der Stadtmauern abspielte, fern. Sie besuchte zwar fast täglich ihren Vater in der Hofburg, aber an den zahlreichen Festlichkeiten, den Bällen und Maskenfesten, den Soireen, Schlittenfahrten, Konzerten und Galaempfängen beteiligte sie sich nicht. Sie mied gesellschaftliche Verpflichtungen, so gut sie konnte.
Marie Louise fühlte sich nicht wohl. Sie hatte depressive Anwandlungen und sie weinte viel. Die Schuldgefühle gegenüber ihrem Gemahl und die Sorge um ihre ungewisse Zukunft bedrückten sie. Schon wurden nämlich Stimmen laut, die sich gegen ihre Regentschaft in Parma aussprachen, sosehr sich Graf Neipperg auch bei Metternich dafür einsetzte.
Auch das Liebesverhältnis zu ihrem einäugigen Begleiter, das in Wien längst Tagesgespräch war, blieb von Krisen nicht verschont.

An ihren Gemahl schrieb sie Anfang Januar 1815 einen letzten Brief. »Ich hoffe«, schloss sie das Schreiben, »dass dieses Jahr glücklicher für Dich sein möge. Du wirst wenigstens ruhiger auf Deiner Insel sein und dort glücklich noch lange Jahre für das Glück aller jener leben, die Dich lieben und Dir verbunden sind wie ich …«
Es war eine leere Floskel. Das Kapitel Napoleon war für Marie Louise abgehakt. Doch sie sollte sich täuschen.
Der Verbannte machte schon bald wieder Weltgeschichte. Er entwich aus Elba. Die Nachricht von seiner Flucht und von seiner Landung in Frankreich platzte wie eine Bombe in das Kongressgeschehen und versetzte die Teilnehmer in gehörige Aufregung.
Auch Marie Louise war fassungslos. Was würde mit ihr geschehen, wenn Napoleon wieder die Macht in Frankreich übernahm? Würde sie mit ihrem Sohn nach Paris zurückkehren müssen? Würde man sie dort als Ehebrecherin brandmarken und sie vielleicht gar vor Gericht stellen? Der Gedanke daran ließ sie erschauern. Sie malte sich die Zukunft in den düstersten Farben aus.
Der Spuk, der Europa erbeben ließ, war nach dreieinhalb Monaten vorüber. Bei Waterloo im heutigen Belgien erfüllte sich am 18. Juni 1815 Napoleons Schicksal. Er dankte nach der endgültigen militärischen Niederlage zum zweiten Mal ab und wurde auf die Atlantikinsel St. Helena verbannt. Von dort gab es nach menschlichem Ermessen kein Entkommen mehr.

Der Wiener Kongress ging mit der Unterzeichnung der Schlussakte zu Ende. Der Gemahlin Napoleons wurde darin das Herzogtum Parma als Herrschaftsbereich auf Lebenszeit zugesprochen. Daran war nun nicht mehr zu rütteln.
General Neipperg, dessen Frau inzwischen gestorben war, kehrte im Dezember 1815 aus Italien nach Wien zurück. Drei Monate später trat Marie Louise in seiner Begleitung die Reise nach Parma an, um dort endlich ihre Regentenpflichten wahrzunehmen. Ihren fünfjährigen Sohn durfte sie aus politischen Gründen nicht mitnehmen. So wollte es der allgewaltige Staatskanzler Metternich. Der kleine Franz wurde in der k. k. Haupt- und Residenzstadt zum österreichi-

schen Erzherzog umerzogen. Ein Napoleon sollte kein zweites Mal Europa in Angst und Schrecken versetzen.
Die Trennung von der Mutter hinterließ in der Seele des Kindes tiefe Wunden, die nie vernarbten. Auch Marie Louise war tief unglücklich. »Ich habe grausame Augenblicke durchgemacht, als ich mich von den Meinigen und besonders von meinem armen Sohn trennen musste, der mich durch seinen Schmerz sehr bekümmert hat«, schilderte sie der Herzogin von Montebello ihr Leid.
Für die Exkaiserin begann ein neuer Lebensabschnitt, als sie am Nachmittag des 20. April 1816 mit ihrem Hofstaat in Parma einzog und nach einem feierlichen Tedeum im Dom den Palazzo Ducale (Herzogspalast) bezog. Die Parmesaner begegneten ihrer neuen Herrin mit freundlich abwartender Zurückhaltung. Ihr Land hatte in der napoleonischen Ära durch Kriegshandlungen und Requirierungen arg gelitten. Äcker und Fluren waren verwüstet, die Staatskasse war leer.
Die in Regierungsgeschäften unerfahrene Regentin stöhnte unter der Last der herrscherlichen Verantwortung. Aber sie hatte in dem Grafen Neipperg einen Mann zur Seite, der nicht nur ein guter Liebhaber, sondern auch ein tüchtiger Administrator war. Schon nach kurzer Zeit gewann Marie Louise die Liebe und Anerkennung ihrer Untertanen.
Maria Luigia, »la buona duchessa« (die gute Herzogin), wie sie die Italiener nannten und nennen, hat in den drei Jahrzehnten ihrer Herrschaft in Parma bedeutsame kulturelle Akzente gesetzt, die bis heute im Stadtbild ihre Spuren hinterlassen haben. Sie ließ das Teatro Regio, das Opernhaus, errichten, die altehrwürdige Universität großzügig um- und ausbauen und sie rief ein Konservatorium ins Leben, das sich in der Musikwelt bald einen guten Ruf erwarb.
Nicht minder eindrucksvoll waren ihre sozialpolitischen Maßnahmen, die die Tochter eines streng konservativen Vaters zwar nicht als Aufklärerin, aber immerhin als fortschrittliche Monarchin erscheinen lassen. Ähnlich den Bestrebungen Josefs II. Jahrzehnte vor ihr in den österreichischen Erblanden ließ sie in der Stadt in der Emilia-Romagna Spitäler, Altersheime und Waisenhäuser erbauen,

ein Entbindungsheim für unverheiratete Mütter errichten, ein Knabenkonvikt ins Leben rufen. Als 1836 die Cholera, die schon zahlreiche europäische Staaten heimgesucht hatte, auch in Parma ausbrach, zögerte sie keinen Augenblick – sie hielt sich gerade in Schönbrunn auf – in ihre Residenzstadt zurückzukehren. Unerschrocken besuchte sie die Krankenhäuser, sprach den an der furchtbaren Seuche erkrankten Menschen Trost zu und unterstützte deren Familien mit Geld- und Lebensmittelspenden.

Das Privatleben der lebenshungrigen Exkaiserin verlief keineswegs in herkömmlichen Bahnen. Obwohl Marie Louise nach der räumlichen Trennung von ihrem Gemahl und dessen Sturz de jure natürlich Napoleons angetraute Ehegattin blieb, ließ sie sich auf ein Verhältnis mit ihrem »Ehrenkavalier«, dem Grafen Neipperg, ein, das Folgen zeitigte. Am 1. Mai 1817 wurde dem Liebespaar eine Tochter geboren, die den Namen Albertine erhielt. Das Mädchen wurde von der Herzogin unter größtmöglicher Geheimhaltung entbunden und unmittelbar nach der Geburt dem Arzt Dr. Rossi zur Pflege übergeben. Zwei Jahre später, am 8. August 1819, brachte Marie Louise einen Knaben zur Welt. Er wurde auf den Namen Wilhelm Albrecht getauft und wie seine Schwester gleichfalls der Obhut des genannten Arztes anvertraut.
Die Öffentlichkeit erfuhr vom Liebesleben der Herzogin von Parma nichts oder hörte davon nur gerüchteweise. Der Kaiser in Wien war wohl über die Liaison seiner Lieblingstochter informiert, das genaue Geburtsdatum seiner beiden Enkel erfuhr er von Marie Louise jedoch nicht. Sie stellte ihm, als er sie darum ersuchte, die Dinge so dar, als wären die Kinder erst nach dem Tod Napoleons zur Welt gekommen.
Die Geheimniskrämerei um ihre Beziehung und um ihre beiden unehelichen Kinder war für die Regentin zweifellos bedrückend. Wie sehr sie darunter litt, wussten wohl nur Graf Neipperg und die Vertrauensleute am Herzogshof, die ihrem Herzen am nächsten standen. Marie Louise konnte Tochter und Sohn nur nach Einbruch der Dunkelheit aufsuchen, sich kaum um sie kümmern. Dennoch

ist sie unter den gegebenen Umständen ihren Mutterpflichten, so gut es ging, nachgekommen. Ihr Stiefsohn, Alfred Neipperg, berichtete, dass sie, als Wilhelm Albrecht einmal schwer erkrankte, jeden Abend die Wohnung Dr. Rossis aufsuchte, um am Krankenbett des Kindes zu wachen.

Als Sohn und Tochter dem Kleinkindalter entwachsen waren, wurden sie im Gartenhaus des »Parco ducale« untergebracht, wo die Eltern sie unbemerkt besuchen konnten. Am Abend kamen sie dann ihrerseits in das Bibliothekszimmer des herzoglichen Schlosses. Sie verbrachten dort Stunden inniger Verbundenheit mit ihren Eltern.

Der legitime Gatte der Herzogin verbrachte unterdessen auf St. Helena seinen Lebensabend. Zunächst in einem Gartenhaus, in »Longwood House« zuletzt. Napoleons Aktionsradius beschränkte sich auf zwei größere und vier kleinere, feuchte Zimmer. Das Inselklima machte ihm zu schaffen, er litt an seiner großen Vergangenheit, die er im Geiste immer und immer wieder heraufbeschwor. Um der tödlichen Langeweile zu entgehen, diktierte er, frühzeitig gealtert, seine Erinnerungen, inszenierte er noch einmal, wenn auch mit Selbstkritik verbrämt, sein Leben für die Nachwelt. Er las viel, ließ in seinem letzten Lebensjahr um seine Behausung einen Garten anlegen und brachte sein Testament zu Papier. Darin vermachte er alles, was er besaß, seinem Sohn und verpflichtete seine »vielgeliebte Gattin«, sich um ihn wärmstens zu kümmern. Er konnte nicht ahnen, dass Marie Louise zwei illegitime Kinder, von deren Existenz er nichts wusste, räumlich und wohl auch seelisch näher standen als der arme, bedauernswerte Herzog von Reichstadt. Sie hatte Napoleon aus ihrem Gedächtnis gestrichen und war doch tief betroffen, als sie am 19. Juli 1821 in einer italienischen Gazette die Nachricht von seinem Tod las. Der einstens allgewaltige Kaiser der Franzosen, der Herr über Europa, war am 5. Mai aus dem Leben geschieden. »Obgleich ich keinerlei großes Gefühl für ihn empfand«, schrieb sie noch am selben Tag an ihre Jugendfreundin Victoire de Crenville, »kann ich nicht vergessen, dass er der Vater meines Sohnes ist und dass, weit davon entfernt, mich schlecht zu behandeln, wie es die Welt glaubt, er mir mit allen Rücksichten entgegenkam: das Einzige, was man in einer politischen Ehe verlangen kann …«

An ihren zehn Jahre alten Erstgeborenen richtete sie folgende Zeilen: »Ich habe gehört, mein lieber Sohn, dass Du sehr betrübt warst über das Unglück, das uns beide trifft, und es ist mir, ich fühle es, ein rechter Trost, an Dich zu schreiben und mit Dir davon zu sprechen. Gewiss hast Du einen ebenso tiefen Schmerz empfunden wie ich, denn Du wärst undankbar, wenn Du vergessen könntest, wie viel Liebe und Güte er Dir als Kind entgegengebracht hat. Du musst Dich bemühen, seine Tugenden nachzuahmen und die Klippen, an denen er gescheitert ist, zu vermeiden. Mein größter Trost ist der Gedanke, dass wir beide unter dem Schutz Deines Großvaters stehen, der uns nie im Stich lassen wird …«

Für ihren toten Gemahl ließ die Herzogin unter Ausschluss der Öffentlichkeit in Parma ein Requiem lesen. Es war eine Geste, die offenbar nur dazu diente, ihr Gewissen zu beruhigen. Denn schon ein paar Tage danach gab sie in aller Stille dem Vater ihrer illegitimen Kinder das Jawort. Die Trauung, die streng geheim gehalten wurde, nahm ihr Beichtvater vor.

Der Sohn Napoleons, der am Kaiserhof in Wien zu einem hübschen Knaben herangewachsen war, erfuhr von allen diesen Vorgängen nichts. Napoleon Franz Carl Joseph, wie er mit seinem Taufnamen hieß, war hochintelligent, charmant, lebhaft und liebenswürdig. Er konnte aber auch starrköpfig sein, widerspenstig und unbeherrscht. Seine Erzieher wussten ein Lied davon zu singen. Der Kleine weigerte sich längere Zeit beharrlich, Deutsch zu lernen, er war unkonzentriert, faul und launisch. Seine Tobsuchtsanfälle stellten seine Lehrer vor schwere pädagogische Entscheidungen.

Der »Franzl«, wie er am Kaiserhof gerufen wurde, war ein todunglückliches Kind, das elternlos aufwuchs und sich mit allen Fasern seines Herzens danach sehnte, bei seiner Mutter zu sein. Das war freilich aus politischen wie persönlichen Gründen nicht möglich. Marie Louise kam nur selten nach Österreich. Aber wenn sie kam, was alle zwei bis drei Jahre der Fall war, dann blühte der Bub auf, dann war seine Freude grenzenlos, dann war er schlagartig ein anderer.

Marie Louise schlug in Baden, Laxenburg oder Persenbeug an der Donau ihr Domizil auf, machte mit dem Kind Ausflüge in die Umgebung, vergnügte sich mit ihm. Mutter und Sohn genossen dieses unbeschwerte Zusammensein. Der Abschied war dann beklemmend und tränenreich. Der kleine Prinz ertrug die Trennung von seiner geliebten Mutter nur schwer und schrieb ihr liebevolle, sehnsüchtige Briefe, die Marie Louises Gewissensbisse vertieften.
Die Exkaiserin regierte ihr Herzogtum, von Neipperg tatkräftig unterstützt, mit geschickter Hand. Die Untertanen brachten ihr Zuneigung entgegen, die Ehe war harmonisch, wenn es auch dann und wann zu Zerwürfnissen kam, die zumeist ihre Ursache in der Außenseiterposition hatten, die der Graf innerhalb der kaiserlichen Familie einnahm. Der Kaiser »schnitt« seinen Schwiegersohn, was diesen natürlich vergrämte. Marie Louise diente ihm dann als Blitzableiter. Neipperg machte aber auch sein Gesundheitszustand zu schaffen. Zur schmerzenden Augenhöhle gesellte sich ein Herzleiden, das sich von Jahr zu Jahr verschlimmerte und von den Ärzten nicht richtig behandelt wurde. Von Fieberanfällen und Atemnot immer häufiger geplagt, schied er schließlich am 22. Februar 1829 im Alter von 54 Jahren aus dem Leben.
Marie Louise stürzte der Verlust ihres zweiten Gemahls, dessen Tod in Parma von der Bevölkerung allgemein betrauert wurde, zunächst in Verzweiflung. Nun musste sie die Zügel selbst in die Hand nehmen. Sie tat es mit überraschender Festigkeit. Als im Februar 1831 Unruhen im angrenzenden Herzogtum Modena auf Parma übergriffen, lehnte die Regentin Zugeständnisse jedweder Art an die Aufrührer mit Entschiedenheit ab.
Der Unmut richtete sich nicht primär gegen sie, sondern gegen ihren Minister Baron Joseph Werklein, der als Nachfolger Neippergs mit harter Hand regierte. Dennoch verließ sie sicherheitshalber das Land und kehrte erst im August wieder zurück, nachdem österreichische Truppen die Ruhe und Ordnung wiederhergestellt hatten.
Der Sohn in Wien, jetzt stattliche 1,86 Meter groß, schlank und überaus schwärmerisch veranlagt, nahm an den Ereignissen in

Parma lebhaften Anteil. Er war stolz auf die »männliche Haltung« seiner Mutter und wollte ihr im Überschwang der Gefühle zur Hilfe eilen. Der Kaiser freilich ließ es nicht zu. Der Monarch wusste, warum. Abgesehen davon, dass der Sohn Napoleons bei jeder militärischen Aktion außerhalb des habsburgischen Kaiserreiches sofort die Beachtung der internationalen Öffentlichkeit auf sich gezogen hätte, war der »Franzl« nicht gesund. Der Prinz hatte eine schwache Konstitution und litt seit längerer Zeit unter einem quälenden Husten, fiebrigen Katarren und Erstickungsanfällen. Im Winter 1831/32 verschlechterte sich sein Zustand rapide. Er musste wochenlang das Bett hüten, fühlte sich total schwach und erschöpft. Genesungsphasen, in denen er bei der Truppe Dienst versah – der Kaiser hatte ihn zum Inhaber eines Bataillons befördert – und gesellschaftlichen Verpflichtungen nachkam, waren von kurzer Dauer. Die Ärzte erkannten wohl, dass der Kaiserenkel an einer Kehlkopftuberkulose litt, aber ihren therapeutischen Maßnahmen waren Grenzen gesetzt und sie entbehrten wohl auch der nötigen Konsequenz.
Marie Louise wurde vom Obersthofmeister des Herzogs, dem Grafen Moritz Dietrichstein, über die Schwere der Erkrankung ihres Sohnes lange Zeit im Unklaren gelassen. Da ihr Herzogtum nach den Ereignissen des Vorjahres noch nicht voll befriedet zu sein schien, hielt sie ihre Anwesenheit in Parma für notwendig und hatte es daher nicht eilig, nach Wien zu kommen. Sie zögerte jedoch keinen Augenblick an das Krankenbett zu eilen, als die Nachrichten aus der Kaiserstadt alarmierender und unheilverkündender wurden.
Der 21-jährige Sohn Napoleons war am Ende seines kurzen, beschwerlichen Lebensweges angelangt. Sein qualvolles Sterben war schrecklich mit anzusehen. Die Mutter, die natürlich nicht mehr tun konnte, als ein wenig Trost zu spenden, war verzweifelt, die Kräfte des Pflegepersonals wurden bis zur Erschöpfung beansprucht. Baron Johann Bernhard Moll, ein Betreuungsoffizier aus dem Stabe des Herzogs, notierte in seinem Tagebuch: »Ich litt an fortgesetzten, durch den fürchterlichen Geruch hervorgerufenen Übelkeiten, an einem körperlichen Unbehagen; die Übelkeiten waren derart heftig, dass ich bisweilen fürchtete, meinen Dienst aufgeben zu müs-

sen …« Und Fürst Metternich schrieb nach einem Krankenbesuch: »Es war ein herzzerreißender Anblick; ich erinnere mich nicht, jemals ein ärgeres Bild der Zerstörung gesehen zu haben …«
Der erbarmungswürdige Prinz hauchte am 22. Juli 1832 in Schloss Schönbrunn in Gegenwart der Mutter sein Leben aus. Zwei Tage später wurde sein Leichnam in der Kapuzinergruft beigesetzt. Marie Louise verließ am Morgen des Begräbnistages die Kaiserresidenz. Die Etikette verwehrte es ihr, an der Beisetzung teilzunehmen.

In Wien und auch in Parma ging das Leben weiter. Marie Louise war jetzt vierzig Jahre alt und alles anders als eine attraktive Frau. Ein Zeitgenosse, der sie aus nächster Nähe kannte, beschreibt sie unnachsichtig als »gealterte, ausgemergelte Frau ohne Zähne«.
Ihrem Lebenshunger tat das jedoch keinen Abbruch. Die nymphoman veranlagte Habsburgerin holte sich nach Lust und Laune die Männer ins Bett und fragte dabei nicht nach deren Stand und Würde. War es das eine Mal der Hauslehrer ihres Sohnes, mit dem sie sich vergnügte, so bediente sie sich ein andermal eines Kammerherrn. Je jünger die Galane waren, desto lieber war es ihr. Auch ein um 19 Jahre jüngerer, gut aussehender Tenor, der im Theater in Parma seine Stimme erklingen ließ, landete bald nach der Vorstellung im Bett der freizügigen Souveränin. Der freilich hängte die Affäre an die große Glocke und brüstete sich nach einer stürmischen Liebesnacht, die »Nachfolge Napoleons« angetreten zu haben. Das war schon deshalb peinlich, weil Marie Louise zur Tatzeit bereits wieder verheiratet war. Der gehörnte Auserwählte war Graf Karl Bombelles, den der Kaiser zu ihrem Obersthofmeister bestellt hatte. Die Vermählung hatte auch diesmal in aller Stille und Heimlichkeit, und zwar am 17. Februar 1834, stattgefunden. Bombelles, Franzose von Geburt, war in österreichische Dienste getreten und 1814 Adjutant Feldmarschall Schwarzenbergs gewesen. Fromm und fleißig, ging er bei der Verwaltung des Herzogtums ganz in seiner Arbeit auf und war viel auf Reisen. Die Amouren seiner Ehefrau, der er dreizehn Jahre verbunden blieb, nahm er offenbar nicht zur Kenntnis. Er genoss an ihrer Seite das Ansehen und die Würde seiner Stellung.

Auch nach dem Tod des Vaters am 2. März 1835, der ihr in den schwierigsten Situationen ihres Lebens, wie sie einer Freundin schrieb, Vater, Freund und Berater gewesen war, blieb die »buona duchessa« ihrer österreichischen Heimat verbunden. Sie mied zwar den Kaiserhof, wo Fürst Metternich für ihren regierungsunfähigen Bruder Ferdinand, der nun die Kaiserwürde innehatte, mit diplomatisch kluger Hand das Zepter führte, hielt aber Kontakt mit ihren Verwandten und weilte des Öfteren in Bad Ischl zur Kur. Den Tafelfreuden und anderen Lebensgenüssen blieb sie zugetan.

Die Flammenzeichen am politischen Horizont, die in Italien eine neuerliche Auflehnung gegen die habsburgische Herrschaft ankündigten, sah sie offenbar nicht oder nahm sie nicht ernst. Ihre Popularität wiegte sie in Sicherheit. Dennoch brachen 1847 auch in Parma wie in anderen Staaten Unruhen aus, denen Bombelles ein rasches Ende bereitete.

Die Herzogin, die sich zum Zeitpunkt dieser Ereignisse in Ischl aufhielt, kehrte am 16. November in ihre Residenzstadt zurück. Sie fühlte sich wohl und erholt. Umso überraschender kam einige Wochen später ihr plötzliches Ende. Am 9. Dezember 1847 spürte sie Schmerzen in der Brust, denen sie keine Bedeutung beimaß. Im Laufe des Tages verschlimmerte sich ihr Zustand, hohes Fieber zwang sie am späteren Abend ins Bett. Am 17. Dezember, fünf Tage nach ihrem 56. Geburtstag, schied sie aus dem Leben. Der Totenbefund lautete auf »rheumatische Brustfellentzündung«.

Der Leichnam der Herzogin wurde im Herzogspalast aufgebahrt und dann nach Wien übergeführt, wo Marie Louise in der Kapuzinergruft ihre letzte Ruhe fand.

In Österreich ist die lebenshungrige Tochter des Biedermeierkaisers Franz I. längst vergessen. Die Parmesaner bewahren ihr – allen Affären und Tratschgeschichten zum Trotz –, ein treues Angedenken. Der Name Maria Luiga hat in Parma heute noch einen guten Klang.

Leopoldine
Kaiserin von Brasilien

Das bedauernswerteste Opfer des Hauses Habsburg

Geboren am 22. Januar 1797 in Wien
Gestorben am 11. Dezember 1826 in Rio de Janeiro
Verheiratet mit
Dom Pedro, Kronprinz von Portugal, ab 1822 Pedro I.,
Kaiser von Brasilien

Das Jahr 1816 war für Leopoldine, die 19-jährige Tochter Kaiser Franz' I., ein Schicksalsjahr. Im März musste sie sich von ihrer Lieblingsschwester Marie Louise trennen, die nach einem vorübergehenden Aufenthalt in der Hofburg ihr Herrscheramt in Parma antrat. Im April starb ihre heißgeliebte Stiefmutter Maria Ludovica, die dritte Gemahlin des Kaisers. »Ich verdanke ihr alles, was ich bin«, schrieb sie an ihre Tante, »sie bewies mir bei jeder Gelegenheit eine wahrhaft rührende Zärtlichkeit und Güte, sodass ich mich der schwärzesten Undankbarkeit anklagen müsste, wenn mein Herz fähig wäre sie zu vergessen.« Im Juli machte ihr der verehrte Vater die Andeutung, dass er sich zu verheiraten gedachte, und noch vor Ende des Jahres, am 10. November, heiratete der Biedermeiermonarch, dem es unendlich schwer fiel, ohne Ehegattin zu leben, die Wittelsbacherin Karoline Auguste.

Fürwahr, dieses Jahr hätte für die junge Erzherzogin nicht ereignisreicher und schicksalsträchtiger sein können. Denn schon bald wurde es auch zur Gewissheit, was man mit ihr vorhatte. Sie sollte auf Wunsch des kaiserlichen Vaters und seines allgewaltigen Staatskanzlers, des Fürsten Metternich, mit dem portugiesischen Thronerben Dom Pedro verheiratet werden, der, von Napoleon aus dem Mutterland vertrieben, mit seiner Familie im fernen Brasilien weilte.

Leopoldine wusste zunächst nicht, wie ihr geschah, als man es ihr mitteilte. Aber sie war, wie alle ihre Geschwister, daran gewöhnt, zu gehorchen. Der Wille der Eltern galt alles, ihre eigenen Bedürfnisse und Wünsche zählten nichts.

Wer wusste am Beginn des vorigen Jahrhunderts in Mitteleuropa etwas von Brasilien? Es war ein meilenweit entferntes Land, das kaum jemand aus eigener Anschauung kannte, großräumig, dünnbesiedelt, über weite Strecken unerforscht. Auch Leopoldine, die sich für fremde Länder sehr interessierte, verband mit Brasilien bestenfalls romantische Vorstellungen. »Brasilien ist ein herrlicher, sanfter Himmelsstrich, ein gesegnetes Land und hat biedere und gutmütige Bewohner. Überdiess lobt man die ganze königliche Familie, sie sey voller Verstand und edler Eigenschaften«, schrieb sie der Schwester nach Parma. Wie sehr sie sich in ihrer Einschätzung der portugiesischen Königsfamilie täuschte, davon konnte sich die junge Erzherzogin bald aus eigener Anschauung überzeugen.

Vorläufig und vorderhand trachtete sie, sich auf die neue Lebenssituation einzustellen, vor die sie sich urplötzlich gestellt sah. Sie beschaffte sich Landkarten und Bücher über Brasilien, die sie mit riesigem Eifer studierte, und widmete sich dem Studium des Portugiesischen.

Leopoldine, am 22. Januar 1797 als fünftes Kind des römisch-deutschen Kaisers Franz II. und seiner (zweiten) Gemahlin Maria Theresia geboren, war im Gegensatz zu ihren Geschwistern, denen ihre Intelligenz keineswegs Kopfschmerzen verursachte, ein bemerkenswert begabtes Kind. Ihre Erzieher schildern sie als lebhaft, heiter, klug, bescheiden und willensstark. Die kleine Erzherzogin konnte aber auch zappelig sein, launenhaft, widerborstig und träge. Sie war klein, blond, hatte hellblaue Augen und einen schönen weißen Teint. Ihr Gesicht wurde von einer länglichen, scharfgeschnittenen Nase und einer wulstigen Unterlippe beherrscht, dem signifikantesten Körpermerkmal der Familie Habsburg. Sie war nicht hübsch, aber auch nicht so unattraktiv, wie manche Historiker annehmen.

Leopoldine wuchs gemeinsam mit ihren Geschwistern auf, unter denen die um fünf Jahre ältere Marie Louise (die spätere Gemahlin Napoleons) in ihrer Gunst am höchsten stand. Marie Louise liebte sie, zu ihr schaute sie auf, von ihr nahm sie bereitwillig Ratschläge entgegen. Sie war ihr großes Vorbild, mit ihr unterhielt sie einen regen Briefwechsel.

Leopoldine zeigte bereits als Kind ungewöhnliche Vorlieben und Neigungen. Sie interessierte sich brennend für die Naturwissenschaften, insbesondere für die Mineralogie, aber auch für die Botanik und die Zoologie. Sie beschäftigte sich mit Physik und Astronomie, besaß ein hübsches Mal- und Zeichentalent und war eine hervorragende Pianistin. Bemerkenswert ist auch ihre Religiosität. Leopoldine verrichtete mit Andacht ihre täglichen Gebete, trat als 13-jährige in den streng katholischen Sternkreuzorden ein, der adeligen Damen vorbehalten war und sich dem Seelenheil seiner Mitglieder und der Barmherzigkeit widmete. In der Religion fand die

Erzherzogin in späteren Jahren, als sie Widrigkeiten aller Art ausgesetzt war, Zuflucht und Trost.
Die Kaiserkinder wurden im Übrigen, was ihre Erziehung anbelangt, hart angefasst. Der Monarch und seine Gemahlin trugen den Lehrern auf, die Erzherzoge und Erzherzoginnen unter keinen Umständen zu verwöhnen, ihnen nichts durchgehen zu lassen. Sie sollten zu Humanität und Pflichterfüllung, zu absolutem Gehorsam und zur Liebe zu den ihnen anvertrauten Völkern erzogen werden.
Der Kaiser war zwar ein gütiger Familienvater, aber biedermeierlich-gemütlich war er nicht. Er war ein absoluter Pflichtmensch, der Gehorsam verlangte. Was er wollte, musste geschehen. Es wäre den Kindern nicht im Traum eingefallen, gegen seine Wünsche und Befehle aufzubegehren. Kaiser Franz I. wurde von seinen Frauen geliebt und von seinen männlichen wie weiblichen Sprösslingen, insgesamt zwölf an der Zahl, geachtet und verehrt. Auch für Leopoldine war der Wille des Vaters selbstverständlich die Richtschnur für ihr Verhalten.
Die Kindheit der Erzherzogin fiel in eine schwere, von kriegerischen Ereignissen bestimmte und aufgewühlte Zeit. Herr der Epoche war Napoleon Bonaparte. Der kleingewachsene Korse fegte wie ein Sturmwind über Europa, trieb die gegnerischen Armeen vor sich her und griff auch tief in das Leben der europäischen Fürstenhöfe ein. 1805 besetzten die Truppen des genialen Schlachtenlenkers zum ersten Mal Wien. Die kaiserliche Familie musste vor dem Eroberer das Weite suchen. Während ein Großteil der Mitglieder des Kaiserhauses in Ungarn Zuflucht fand, begab sich die Kaiserin mit der achtjährigen Erzherzogin zum Kriegsschauplatz nach Mähren. Warum sie ausgerechnet Leopoldine dorthin mitnahm, wissen die Götter. Der »Antichrist« brachte am 2. Dezember 1805 der vereinigten russisch-österreichischen Armee eine vernichtende Niederlage bei. Die Kaiserin lag krank zu Bett, als ihr die Hiobsbotschaft übermittelt wurde. Sie kehrte mit dem Gemahl und der kleinen Tochter im Januar 1807 nach Wien zurück. Ihr Gesundheitszustand blieb unverändert ernst. Am 13. April 1807 schied sie aus dem Leben. Die zehnjährige Leopoldine war zur Halbwaise geworden.

Ein Dreivierteljahr später, im Januar 1808, heiratete der Kaiser ein drittes Mal. Die Auserwählte, Erzherzogin Maria Ludovica von Este, war nicht nur eine attraktive, sondern auch eine gebildete Frau, um deren Gesundheit es allerdings nicht zum Besten stand. Maria Ludovica war lungenkrank. Obwohl sie immer wieder das Bett hüten und sich Schonung auferlegen musste, nahm sie sich der Kinder ihres Gatten mit großer Hingabe an, lenkte und überwachte deren Erziehung, bestärkte sie in ihren Neigungen.

Leopoldine schloss die Stiefmutter, die ihre geistige Entwicklung nach Kräften förderte und sie in ihren wissenschaftlichen Interessen bestärkte, sehr rasch ins Herz. Sie bangte um sie, sorgte sich mit ihr um das Schicksal des Kaiserreiches. 1809 floh sie mit ihr vor dem Heer Napoleons, das Wien neuerlich einnahm, nach Ungarn, Mitte 1810 durfte sie die kaiserliche Stiefmutter in den böhmischen Kurort Karlsbad begleiten, wo Maria Ludovica Linderung ihres schweren Leidens suchte.

Alles das war aufregend genug. Aber noch viel aufwühlender war für die empfindsame Dreizehnjährige der Tag, an dem sie von ihrer Lieblingsschwester, Marie Louise, tränenreichen Abschied nehmen musste.

Marie Louise, die Vielgeliebte, hatte den verhassten Kaiser der Franzosen, den Mann, der Österreich mehrmals erniedrigt und gedemütigt hatte, geheiratet. Besser gesagt: heiraten müssen. Leopoldine war außer sich, war zutiefst erschüttert. Den seelischen Schock konnte sie lange nicht überwinden.

Das politische und militärische Geschehen verfolgte sie mit zunehmender Anteilnahme und Klarsicht. Nach der Niederlage Napoleons in der Völkerschlacht bei Leipzig 1813 geriet die 16-jährige Erzherzogin in den Strudel der gesamtdeutschen Bewegung und las mit Eifer die Werke Theodor Körners und Friedrich Schillers. Dem kleinen Sohn Napoleons, der nach der endgültigen Besiegung des Korsen mit der Mutter nach Wien übersiedelt war, brachte sie aber Zuneigung entgegen und nahm ihn gegen alle Bosheiten seitens des Hofes und der Hofbediensteten in Schutz.

Leopoldine war reifer, ernster und nachdenklicher geworden, ihr

Blick wurde schärfer. Als sich nach der Verbannung Napoleons die Staatsmänner Europas 1814/15 zum Wiener Kongress zusammenfanden, beobachtete sie das diplomatische und gesellschaftliche Treiben aus nächster Nähe mit Interesse und kommentierte es in ihrem Tagebuch mit teils belustigtem, teils beißendem Spott. Sie bemängelte das schlechte Benehmen des dickleibigen Königs von Württemberg, witzelte über die Stupsnase, die kleinen Augen und das »Mondgesicht« des russischen Zaren und durchschaute hellsichtig den listenreichen, chamäleonhaften Vertreter Frankreichs, Fürst Charles Maurice de Talleyrand.

An den Festen, den Bällen und Galaempfängen, an denen sie teilnehmen musste, fand sie wenig Gefallen. »Unser jetziges Leben will mir gar nicht behagen«, schrieb sie der Schwester, »denn man ist von Früh Morgens 10 Uhr bis Abends 7 Uhr beständig im Hofkleid auf seinen Füssen und bringt seine Täge mit Complimenten schneiden und Müßiggang zu.«

Der Kongress ging im Juni 1815 zu Ende, auf Leopoldine warteten neue Aufgaben.

Während sich die Erzherzogin auf ihr zukünftiges Leben im fernen Brasilien vorbereitete, liefen die diesbezüglichen Verhandlungen zwischen den beiden Höfen auf Hochtouren. Der Vater Dom Pedros, König João, übertrug seinem Botschafter in Paris, Marquis von Marialva, die ehrenvolle Aufgabe, im Namen seines Sohnes um die Hand der Erzherzogin anzuhalten und den Ehevertrag auszuhandeln. Marialva begab sich nach Wien, mietete sich in einem Palais am Minoritenplatz ein und begann am 7. November 1816 mit seiner Mission. Bereits am Tag nach seiner Ankunft machte er dem Fürsten Metternich seine Aufwartung und schon bald wurde er auch vom Kaiser in Audienz empfangen.

Der Marquis, der dem portugiesischen Hochadel entstammte, machte in der Kaiserstadt einen vortrefflichen Eindruck. Er war ein eleganter Herr, ein geschmeidiger Diplomat mit hervorragenden Manieren, der sich in Szene zu setzen, klug und überzeugend zu konversieren und zu argumentieren verstand. Er zerstreute die Be-

fürchtungen des Kaisers, Leopoldine würde ihr ganzes Leben in Brasilien zubringen müssen (der portugiesische Hof befand sich dort im Exil) und wischte auch die Gerüchte über die schlechten Charaktereigenschaften Dom Pedros vom Tisch.
Der Herr Marquis trat wie ein Nabob auf, verteilte nach allen Seiten Geschenke und verlieh Orden. Unter diesen Umständen kam er rasch an sein Verhandlungsziel. Bereits drei Wochen nachdem er in Wien Quartier bezogen hatte, am 26. November 1816, wurde der Ehekontrakt unterzeichnet. Die Hochzeit wurde für den 13. Mai des folgenden Jahres anberaumt.
Leopoldine blieb also noch Zeit, sich gesellschaftlich weiter auszubilden, sich seelisch auf die Trennung von der Heimat, die weite Reise und die Pflichten als Ehefrau einzustellen. Die Eltern waren ihr dabei nach Kräften behilflich. »Ich bin schon viel liebenswürdiger und gesprächiger, was nötig ist, da ich in der Zukunft nicht wie eine Einsiedlerin werde leben können, sondern auch in den Strom der großen Welt werde mitgerissen werden«, schrieb sie der Schwester in Parma.
Die Sexualaufklärung des jungen Mädchens übernahm die neue Stiefmutter der Erzherzogin, die Wittelsbacherin Karoline Auguste, die vierte Gemahlin Franz' I. »... Ich schwitze ganz fürchterlich darüber«, gesteht Leopoldine ihrer Schwester Marie Louise, »blieb aber standhaft und mit Vergnügen dabey, denn ohne Freuden und Leiden ist nichts auf der Welt.«
Die offizielle Werbung um die Hand der Erzherzogin fand am 18. Februar 1817 statt. Marquis Marialva nützte die Gelegenheit, den Reichtum des Hauses Braganza zur Schau zu stellen. Der Gesandte des portugiesischen Königs zog mit einem riesigen, prunkstrotzenden Gefolge in der Kaiserstadt ein. Es war ein glänzendes Schauspiel ganz nach dem Geschmack der Wiener, deren Schaulust voll befriedigt wurde.
Die Verlobungszeremonie rollte in der Hofburg ab, wo der Marquis vom Kaiser in Anwesenheit sämtlicher Minister und Mitglieder des Hochadels mit allen Ehren empfangen wurde. Nach den üblichen Reden und Gegenreden sparte Marialva auch bei diesem Anlass

nicht mit Orden und Geschenken. Das Präsent für die Braut war ein Bild Dom Pedros in Form eines in kostbare Brillanten gefassten Medaillons. Leopoldine war von ihrem zukünftigen Gemahl, den sie zum ersten Mal zu Gesicht bekam, fasziniert. »Ich finde ihn angenehm«, jubelte sie in einem Schreiben an ihre Tante Maria Amalia, »und seine Physiognomie drückt viel Güte und Geist aus; auch behaupten alle, dass er gut ist, vom Volk geliebt wird und recht fleissig ist. Das einzige Ziel, das ich mir setze, besteht darin, mein möglichstes zu tun, um ihn glücklich zu machen ...«

Ein Bild kann täuschen, besonders wenn man es mit den Augen der Liebe sieht.

Von Güte und Geist konnte beim portugiesischen Erbprinzen keine Rede sein. Dom Pedro war ein ungebildeter, roher Mensch ohne geistige Interessen, mit schlechten, vulgären Manieren, den man eher für einen Pferdezüchter als für ein Mitglied der königlichen Familie hätte halten können. Er war zwar intelligent, aber in seinem Verhalten völlig unberechenbar. Er konnte jovial und liebenswürdig und im nächsten Augenblick grob, rücksichtslos und brutal sein. Seine Tobsuchtsanfälle waren gefürchtet, seine Leidenschaften brachen sich ungehemmt Bahn. Von zeitgenössischen Beobachtern wird insbesondere sein hemmungsloser Sexualtrieb registriert. Dom Pedro zerrte seit seiner frühen Jugend alle weiblichen Wesen ins Bett, die ihm über den Weg liefen, Kammermädchen und anderes Gesinde, Negersklavinnen, entjungferte und schwängerte sie.

Die meisten seiner Charaktereigenschaften, auch seine epileptischen Anfälle, hatte der portugiesische Thronfolger von seiner Mutter geerbt, sie waren aber auch ganz einfach das Produkt einer völlig verfehlten Erziehung.

Dona Carlota, die Mutter Dom Pedros, war eine streit- und herrschsüchtige Frau, die ihrem Gatten das Leben zur Hölle machte. Trotz ihrer zwergenhaften Gestalt (sie maß 1,46 Meter) und ihres unvorteilhaften Aussehens – sie hinkte ein wenig auf einem Bein, war flachbrüstig und hatte ein pockennarbiges Gesicht – sagte man ihr bei Hof Liebesaffären und -abenteuer mit Männern aus allen gesellschaftlichen Schichten nach. Ihr ruhiger, friedliebender, gutmütiger

Gemahl konnte diesem Treiben auf Dauer natürlich nicht tatenlos zusehen. Es kam zu heftigen Auseinandersetzungen der Ehegatten, zu häuslichem Streit und Zank, was dazu führte, dass jeder der beiden seine eigenen Wege ging. Man lebte getrennt. Unter dieser unerquicklichen familiären Situation litten natürlich die Kinder. Sie wuchsen ungezwungen, autoritäts- und respektlos auf, zumal es die Erzieher nicht wagten, ihnen etwas zu verbieten und Schranken aufzuerlegen. Dom Pedro tobte seine Leidenschaften ungebremst aus, tat, was er wollte und wozu er gerade Lust verspürte. Er pflegte Verkehr mit den niedersten Bevölkerungsschichten, bediente sich auch bei Hof eines vulgären, ordinären Umgangstones, schrie und tobte nach Belieben. Fühlte er sich beleidigt und in seiner Ehre gekränkt, kehrte er seine königliche Abstammung hervor, benahm sich hochmütig und dünkelhaft.

Von seiner äußeren Erscheinung her machte der portugiesische Erbprinz einen durchaus vorteilhaften, ja sogar einen gewinnenden Eindruck. Er hatte ein hübsches, längliches Gesicht, in dem die lebhaften Augen, ein Oberlippenbärtchen und eine wulstige Unterlippe auffielen. Seine hohe Stirn war von einer üppigen Lockenpracht umrahmt. »Er ist so schön wie Adonis«, schwärmte Leopoldine in einem Brief an ihre Schwester Marie Louise. »Ich versichere dich, ich bin jetzt schon verliebt. Wie wird es mir erst gehen, wenn ich den Prinzen alle Tage sehen werde …?«

Wie es ihr erging, bekam die junge Erzherzogin bald am eigenen Leib physisch und psychisch zu spüren.

Auf das Leben in der Fremde bereitete sich Leopoldine sorgfältig und gewissenhaft vor. Von Natur aus von einer tiefen Religiosität beseelt, gelobte sie, ihr Leben ganz nach den Vorschriften der römisch-katholischen Kirche zu gestalten. Ihre Vorsätze vertraute sie einem kleinen Büchlein mit dem Titel: »Meine Entschlüsse – Wien 1817« an, das sie zwischen ihrer Verlobung und ihrer Heirat abfasste. »Allmorgendlich werde ich über die geistliche Lektüre nachsinnen«, gelobte sie. »Ich werde der Messe mit vorbildlicher Bescheidenheit und Hingabe beiwohnen und dabei stets am hl. Abendmahl teilnehmen. Meine Abendgebete werde ich wie die morgendlichen

vor einem Bild des Gekreuzigten und der heiligen Jungfrau verrichten, die ich stets in meinem Zimmer haben werde, und dabei werde ich eine besondere Prüfung über mein Verhalten während des Tages vornehmen.«
An Feiertagen wolle sie sich bei den Mahlzeiten einen Gang versagen, nahm sie sich vor, keine Bücher lesen, die auf dem Index der Kirche standen, sich nicht auffallend kleiden, keine unnützen Ausgaben machen, schädlichen Luxus meiden, sondern sich vielmehr der Erziehung der Jugend und der Krankenpflege widmen und Almosen geben. Und in dieser Tonart ging es weiter.
»Fern sei mir jede hochmütige und anmaßende Miene«, beteuerte sie. »Aber ich werde vornehmlich ernst und bescheiden, ehrenhaft mild, liebenswürdig und höflich gegenüber Großen und Kleinen sein.« Natürlich bezog Leopoldine in ihre Gelöbnisse auch die eheliche Treue mit ein. Das war für eine Kaisertochter gewissermaßen eine Selbstverständlichkeit, obwohl natürlich auch in der Wiener Hofburg, die als ein Hort der Tugend galt, Keuschheit und Sittenstrenge nicht unbedingt das Maß aller Dinge waren. Selbst der biedere Kaiser Franz I. ging gelegentlich fremd, wenn seine dritte Gemahlin, die lungenkranke Maria Ludovica, längere Zeit ihren ehelichen Pflichten nicht nachkommen konnte. Im Vergleich mit dem portugiesischen Königshof aber, an dem sexuelle Ausschweifungen gleichsam an der Tagesordnung waren, waren diese kleinen Verfehlungen belanglos.

Die Hochzeit in der Wiener Augustinerkirche ging nach den üblichen protokollarischen Regeln vor sich. An Stelle Dom Pedros fungierte als Bräutigam der Napoleonbezwinger und Bruder des Kaisers, Erzherzog Karl. Nach der feierlichen Trauung gab es in der Hofburg ein ausgiebiges Festmahl.
Wesentlich aufwändiger und eindrucksvoller ging es ein paar Wochen später im Wiener Augarten zu, wo Marquis Marialva zu Ehren des Kaiserpaares und der Braut ein gigantisches Fest veranstaltete, das vom Abend bis zum Morgengrauen dauerte. Die Hecken, das Gebüsch und die alten Bäume der Parkanlage erstrahlten im Licht

zahlreicher Lampions, in den geräumigen Pavillons, die der Botschafter um teures Geld hatte errichten lassen, tummelten sich nicht weniger als 2000 Gäste, die sich bei stimmungsvoller Musik bestens unterhielten, nach Herzenslust tanzten und pokulierten. Die kaiserliche Familie, die fast vollzählig erschienen war, speiste aus einem aus 40 Gedecken bestehenden goldenen Geschirr. Die übrigen Gäste mussten sich mit Silber begnügen. Die prachtvolle Veranstaltung war am nächsten Morgen das Tagesgespräch in der Kaiserstadt.

Leopoldine gab sich bei allen Festen, die sich um ihre Vermählung rankten, unbeschwert und heiter. Sie redete sich ein, das große Los gezogen zu haben. Aber je näher der Zeitpunkt des Abschiednehmens rückte, desto nervöser und unruhiger wurde sie. Es machte sie auch richtiggehend krank, dass man es ihr verwehren wollte, in Italien, von wo aus sie per Schiff nach Brasilien reisen sollte, ihre geliebte Schwester Marie Louise zu treffen. Es war Fürst Metternich, der sich gegen dieses Zusammentreffen aussprach. Er hatte seine guten Gründe dafür. Marie Louise lebte in Parma mit ihrem Obersthofmeister, dem Grafen Adam Adalbert Neipperg, in wilder Ehe und hatte ihm kürzlich, am 1. Mai 1817, eine Tochter geboren. Leopoldine wusste natürlich nichts davon und Metternich wollte ihr offensichtlich einen schweren Schock ersparen, falls die Angelegenheit ans Tageslicht kam.

Die nichtsahnende, unschuldige Prinzessin von Brasilien war außer sich, als ihr der Kaiser das Verbot mitteilte. Ihr Zorn richtete sich gegen den Staatskanzler, den sie ohnehin nicht ausstehen konnte und den der Kaiser zu allem Überdruss nun auch noch zum Übergabekommissar der Braut an die Brasilianer bestellte. Die Zeremonie sollte in Livorno vor sich gehen. »Fürst Metternich begleitet mich als Übergabs-Comissär bis Livorno«, teilte Leopoldine der Schwester in Parma mit, »wie sehr es mich freuet, wirst Du begreifen!?!?«

Die Erzherzogin gab sich mit der Entscheidung nicht zufrieden. Sie wollte, ehe sie sich auf den langen Weg in die Ferne machte, ihre Lieblingsschwester unbedingt noch einmal sehen. Sie setzte schließlich auch ihren Willen durch. Die sanfte Habsburgerin konnte außerordentlich hartnäckig sein, wenn es darauf ankam.

Die mehrmals verschobene Abreise der Braut, der gefühlsselige Abschied von der Heimat, ging am 2. Juni 1817 vonstatten. »... Wer weiß, ob je jemand von der Familie sie jemals wieder sehen wird«, orakelte Erzherzog Rainer, der Onkel Leopoldines. »Es ist ein Abschied ganz wie von einem Sterbenden ...« Wie Recht er damit haben sollte, ahnte er wohl selbst nicht.
Leopoldine wurde auf ihrer weiten Reise von einem zahlreichen Gefolge begleitet, zu dem neben einer Obersthofmeisterin, einem Kaplan, Hofdamen, Kammerfrauen, Pagen und Gardisten auch einige Naturwissenschaftler und Künstler gehörten. Sie sollten im Auftrag des Kaisers das weithin unbekannte Brasilien erforschen und in Wort und Bild darstellen. Das Reisegepäck umfasste insgesamt 42 riesige Kisten, in denen die Aussteuer der Braut, ihre Leibwäsche, Bücher und verschiedene andere Materialien sowie Geschenke aller Art verpackt waren. Fürst Metternich soll angesichts dieses gewaltigen Trosses seiner Verwunderung Ausdruck gegeben und sich über dessen Transport Sorgen gemacht haben. Ihm konnte es freilich gleichgültig sein, wie man das Problem bewältigte.
Es war jedenfalls eine imposante Wagenkolonne, die sich an diesem himmelblauen Vorsommertag des Jahres 1817 durch das Kärntnertor der Kaiserstadt zwängte und sich sodann durch die engen Gassen der Vorstädte und -orte ihren Weg in den Süden bahnte. Die Reise ging in Tagesetappen über Wiener Neustadt, durch die Steiermark und Kärnten nach Tarvis und von dort über Udine nach Padua, wo Leopoldine ihre Lieblingsschwester Marie Louise, die aus Parma herbeigeeilt war, freudig in die Arme schloss. Auch Metternich stieß in der Stadt des hl. Antonius zur Reisegesellschaft.
Worüber die beiden Schwestern bei ihrer Zusammenkunft gesprochen haben, steht nirgends zu lesen. Über ihr Liebesleben in Parma schwieg sich Marie Louise jedenfalls aus. Die gottesfürchtige Leopoldine hat darüber nie etwas erfahren.
Nach einem Besuch in Venedig in Begleitung Metternichs ging es über Bologna weiter nach Florenz, wo Leopoldine am 13. Juni 1817 eintraf und im Palazzo Pitti Quartier nahm. Die kunstbeflissene Erzherzogin war von den Sehenswürdigkeiten in der Arnostadt hell-

auf begeistert. »Welch Schönheit, diese stolzen Paläste und öffentlichen Gebäude! Ich tue nichts als laufen und bewundern …«, schrieb sie einer ihrer ehemaligen Hofdamen. Ein paar Tage später machte ihre Begeisterung totaler Niedergeschlagenheit Platz, als sie die »höchst traurige Nachricht« erhielt, dass die portugiesischen Schiffe, die sie nach Brasilien bringen sollten, erst mit vierwöchiger Verspätung in Livorno eintreffen würden. In einer brasilianischen Küstenprovinz war eine Revolte ausgebrochen, Schiffe und Matrosen, so hieß es, würden zu deren Niederschlagung benötigt. »Es hat mich nicht bald eine Nachricht so unglücklich gemacht und es brauchte alle meine Seelenstärke, dass ich nicht in das heftige Weinen ausbrach«, schrieb sie dem Vater nach Wien. Sie war niedergeschlagen, nervös und mürrisch. Die Melancholie kam über sie, ergriff von ihrer Seele Besitz. »Mein Herz ist zerrissen, weil ich von Euch getrennt bin, und die garstige Melancholie beginnt mich zu befallen …«, klagte sie ihrer Obersthofmeisterin. »Mein einziges Glück besteht darin, allein in meinem Zimmer zu sein, um zu grübeln und nach Herzenslust zu weinen.«

Sie aß übermäßig, fraß ihren seelischen Kummer hinunter. Fürst Metternich war erbost. »Meine kleine Erzherzogin, die, unter uns gesagt, eines jener Kinder ist, die ich prügeln würde, wenn ich der Vater wäre«, schrieb er seiner Gattin, »hat in diesen letzten Tagen eine starke Magenverstimmung gehabt.« Und der Staatsmann schilderte dann ausführlich, was Leopoldine alles verschlungen hatte.

Mit Fresslust allein ließ sich die lange Wartezeit freilich nicht überbrücken. Leopoldine suchte Zuflucht im Landhaus ihres Onkels in der Nähe von Florenz und fand Trost bei der Betrachtung der Umgebung. Die wunderschöne toskanische Landschaft faszinierte sie. Sie unternahm Ausflüge, lernte reiten, sammelte Pflanzen und Mineralien und vertiefte ihre Kenntnisse des Portugiesischen.

Die mit Ungeduld erwartete Flotte, die aus zwei, nicht gerade imposanten Segelschiffen bestand, traf am 25. Juli in Livorno ein. Die beiden abgetakelten Segler mussten zunächst einmal einer gründlichen Reparatur unterzogen werden, ehe man sie der Erzherzogin überhaupt zeigen konnte. Auch das nahm wieder ein paar Wochen

in Anspruch. Am 8. August 1817 war es dann so weit. Leopoldine und ihre Begleitung konnten sich nach Livorno begeben. »Als wir heute Abend ankamen, war das Erste, was ich kennen lernte, das sehr schreckliche Meer, was mich alle Gliedern zittern liess; aber mittlerweile gewann ich so viel Kraft über mich, dass niemand es bemerkte. Die Nacht, die auf dem Meer herrschte, gab ihm ein so düsteres Aussehen!«, berichtete sie nach Wien. Vier Tage später fand strikt nach Protokoll die feierliche Übergabe der Braut statt. Den Bericht darüber verdanken wir Metternich, der mit dieser zeremoniellen Handlung die ihm gestellte Aufgabe zu Ende führte. »Heute habe ich meine Aufgabe zu Ende geführt und *con brio*«, brüstete er sich. »Ich bin stolz darauf. Der Übergabeakt war sehr schön und recht feierlich. Man kam um 11¼ zusammen und dann begann die Zeremonie. Sie dauerte eine gute halbe Stunde und der Herr von Castelo Melhor empfing die Königliche Prinzessin aus meiner Hand, die von diesem Augenblick an unwürdig ist, die ihre zu berühren; denn die Portugiesen, Männer wie Frauen, küssen sie immer und berühren dabei mit einem Knie den Boden.«
Leopoldine erlebte es anders. Für sie war es eine regelrechte Tortur. Sie war so fruchtbar aufgeregt, dass sie nachher heftige Magenkrämpfe und Darmkoliken bekam.
Die Einschiffung erfolgte am 13. August. Leopoldine wurde auf dem Admiralsschiff »Dom João VI.« untergebracht, das nicht lange zuvor in Lissabon vom Stapel gelaufen war. Ihre Suite bestand aus einem geräumigen Speisesaal, einem Sitzungszimmer, in dem ein Klavier stand, und einem Schlafzimmer mit einem Himmelbett, das mit Seidenschnüren an der Decke befestigt war.
Die Erzherzogin, die das Innere eines Schiffes noch nie gesehen hatte, war von den Räumlichkeiten, die ihr in den nächsten zwei bis drei Monaten als Wohnung dienten, durchaus zufrieden. Von der überaus freundlichen Aufnahme durch die Besatzung zeigte sie sich begeistert. Auf dem Schiff war sogar eine Musikkapelle stationiert, die während der Mahlzeiten der Kronprinzessin aufspielte. So weit schien alles in bester Ordnung zu sein. Der Schein trog allerdings. Außerhalb der Suite der Erzherzogin waren Mensch und Tier auf

engstem Raum zusammengepfercht, es stank nach Abfall und Mist. Die Schiffsmannschaft bestand insgesamt aus nicht weniger als 680 Personen, für deren Verpflegung natürlich vorgesorgt war. Daher gab es auch Rinder, Schweine und Schafe an Bord, das Gegacker von 4000 Hühnern, das Geschnatter von Hunderten Enten und der Gesang von 600 Kanarienvögeln erfüllten die Luft.
Metternich, der der Einschiffung seines Schützlings als letzten Akt seiner Mission beiwohnte, meinte, die Arche Noah sei vergleichsweise ein »Kinderspiel« gewesen. Der tierliebenden Leopoldine scheint die bunte Reisegesellschaft nichts ausgemacht zu haben. Sie wird, so ist anzunehmen, mit ihr nicht viel in Berührung gekommen sein.
Die Abreise erfolgte am 15. August 1817, die Schiffe stachen bei günstigem Wind in See. Die Witterungsverhältnisse veränderten sich jedoch schon bald zum Schlechteren. Die Schiffe gerieten in einen heftigen Sturm und Leopoldine machte zum ersten Mal mit der Seekrankheit Bekanntschaft.
Vor Gibraltar schloss sich ein österreichisches Schiff den beiden portugiesischen Seglern an. Auf dem Weg nach Westen wurde das Schiffstriumvirat vor der Insel Madeira abermals von einem Orkan so hin- und hergebeutelt, dass es im Hafen von Funchal Anker werden musste.
Leopoldine war todübel, aber sie biss die Zähne zusammen und ließ sich so wenig wie möglich anmerken. Sie kehrte alle ihre charakterlichen Vorzüge heraus, gab sich stoisch, machte eine heitere Miene, behandelte ihr Gefolge gütig und wohlwollend. Und freute sich im Übrigen auf das Zusammentreffen mit ihrem Gemahl.
Die Tage verflossen im grauen Einerlei, Langeweile machte sich breit, Unbefriedigtheit. Die Stürme, die immer wieder das Meer aufwühlten, wurden von der Besatzung und den Passagieren geradezu als Abwechslung empfunden, wenn die Seenot nicht allzu arg war. Endlich, nach 85-tägiger Reise, tauchte am Horizont die Küste Brasiliens auf. Am 5. November 1817 liefen die Schiffe im Hafen von Rio de Janeiro ein. Erzherzogin Leopoldine, die einzige Habsburgerin, die der Staatsräson zuliebe nach Übersee verschachert

wurde, war an ihrem Ziel angelangt. Ein tragischer Abschnitt ihres Lebens begann.

Das Fort São João schoss eine Salve von 21 Kanonenschüssen ab, Raketen wurden abgefeuert, die Kirchenglocken von Rio läuteten, Menschenmassen jubelten, als das Admiralsschiff mit der portugiesischen Kronprinzessin an Bord am Pier festmachte.
Leopoldine schlug das Herz bis zum Hals. Sie verließ am Arm des Marquis von Castelo Melhor das Schiff und stieg zur Barke hinüber, in der sie der König mit seiner Familie erwartete und willkommen hieß. Seine Majestät, der König von Portugal Dom João war beim Empfang seiner Schwiegertochter ganz Hoheit. Er schloss sie in die Arme, stellte ihr dann den Gatten vor und überreichte ihr das Brautgeschenk; ein Goldkästchen mit prachtvoll glitzernden Diamanten.
Leopoldine blickte ihren Gatten scheu von der Seite an. Er entsprach, so stellte sie zumindest im ersten Augenblick fest, dem Bild, das sie sich von ihm gemacht hatte. Er war nicht unbedingt hübsch, aber anziehend und sympathisch. Dom Pedro seinerseits fand seine Frau durchaus attraktiv. Ihre Figur war gut proportioniert, sie hatte eine schöne helle Hautfarbe, ihre ebenmäßigen Gesichtszüge strahlten Güte und Liebenswürdigkeit aus. Er konnte zufrieden sein und er war es offenkundig auch. Bei den übrigen Mitgliedern der portugiesischen Königsfamilie hinterließ die Erzherzogin einen ebenso guten Eindruck. Vor allem der Vater des Kronprinzen war von seiner Schwiegertochter geradezu entzückt, wie zeitgenössische Berichte zu vermelden wissen.
Der feierliche Einzug der Kronprinzessin in Rio fand am Tag nach ihrer Ankunft statt und ging unter allen Anzeichen eines Riesenspektakels vor sich. Die Hauptstadt Brasiliens und die Königsfamilie hatten allen Prunk aufgeboten, der ihnen zu Gebote stand, um der Habsburgerin ihre neue Heimat im strahlendsten Licht erscheinen zu lassen. Die Straßen, durch die der Festzug führte – er bestand insgesamt aus 93 vierrädrigen, prächtig geschmückten Kutschen –, waren mit weißem Sand, Blumen und Zweigen bestreut, die Balkone und Fenster der Häuser mit Tapisserien aus Seide ge-

schmückt. Musikkapellen spielten auf, die Kirchenglocken wurden geläutet, eine unübersehbare Menschenmenge schwenkte am Straßenrand bunte Tücher, jubelte der Kronprinzessin zu, stieß Vivatrufe aus.

Leopoldine, die in ihrem teuren Kleid aus weißer Seide hübsch anzusehen war, saß in der mit karmesinrotem Samt ausgeschlagenen königlichen Karosse und nahm die Huldigung der Volksmenge mit gerührter Verwunderung entgegen. Von Zeit zu Zeit huschte ein freundliches Lächeln über ihr Gesicht, winkte sie den begeisterten Menschen zu. Über die Eindrücke, die sie bei dieser Triumphfahrt empfing, und die Gedanken, die ihr durch den Kopf schossen, hat sich die eifrige Briefeschreiberin mit keinem Wort geäußert.

Nach etwa einer Stunde erreichte der Festzug das königliche Schloss. In der dortigen Kapelle wurde das Kronprinzenpaar im Rahmen einer kurzen religiösen Feier gesegnet. Dann begab es sich in das Schlossinnere, zeigte sich von einem Balkon aus einer jubelnden Menschenmenge und nahm eine Parade entgegen, die vom Militärgouverneur der Hauptstadt befehligt wurde.

Der offizielle Teil des Festprogramms war damit beendet. Das anschließende Bankett trug, trotz der zahlreichen Gäste, die dazu geladen waren, bereits privaten Charakter. Man war jetzt unter sich. Erst am Abend dieses ereignisreichen Tages begaben sich Leopoldine und Dom Pedro zum Landgut Boa Vista (Zur schönen Aussicht), das ihnen in der nächsten Zeit als Residenz dienen sollte. Der fürsorgliche König hatte in den Räumen der Kronprinzessin eine Büste ihres Vaters aufstellen lassen und überreichte ihr ein Album mit Familienbildern. Leopoldine bedankte sich tief gerührt für diese wohl überlegte Aufmerksamkeit. Dann wurde die Erzherzogin in Anwesenheit des Hofes von ihrer Hofdame ausgekleidet und zu Bett gebracht. Derselben Prozedur musste sich auch der Bräutigam unterziehen, ehe er seine junge Frau in die Arme schloss.

Auch nach der Hochzeitsnacht gingen im ganzen Land die Feiern weiter. In den folgenden neun Tagen folgte ein Fest auf das andere, wurde gejauchzt, gejubelt und getanzt. Dann kehrte wieder der Alltag ein.

Das Schlösschen Boa Vista, in dem das Kronprinzenpaar residierte, war ein einstöckiger Bau, der sich im Vergleich zu Schönbrunn, der Hofburg oder Laxenburg mehr als bescheiden ausnahm. Auf einem kleinen Hügel errichtet und inmitten eines großen Gartens gelegen, gewährte es einen reizvollen Blick auf die Stadt und den Hafen, die Felsen, Hänge und Täler seiner Umgebung. Damit sind aber auch schon alle seine Vorzüge aufgezählt.
Das Gebäude selbst war stillos und bot wenig Annehmlichkeiten. Die Räume waren eng und geschmacklos möbliert, die Korridore finster und schmal. Allerorten mangelte es an Sauberkeit. Dazu kam, dass auch die unmittelbare Nachbarschaft alles andere als einladend war. Der Schlosshof war ungepflastert und verwandelte sich nach Regenfällen in einen Morast, die umliegenden Wirtschaftsgebäude waren zum Teil einsturzgefährdet. Die Misthaufen, die sich in der Nähe der »Residenz« befanden, verbreiteten während der Hitzeperioden einen bestialischen Gestank. Auch wenn die Residenzen der Habsburger zu Beginn des 19. Jahrhunderts, als Leopoldine zur Frau heranwuchs, keinen übermäßigen Komfort boten, muss die ehemalige Erzherzogin den zivilisatorischen Qualitätsunterschied zwischen dem Wiener Kaiser- und dem portugiesischen Königshof doch als unangenehm empfunden haben. Interessanterweise hat sie sich darüber nicht beklagt.
Für ihre persönlichen Bedürfnisse standen Leopoldine sechs Räume zur Verfügung, die so klein waren, dass sie nicht einmal das Hab und Gut unterbrachte, das sie aus der Heimat mitgebracht hatte. Die Kämmerchen boten weder für ihre Sammlungen noch für ihre Bibliothek Platz. Selbst ein Teil der Aussteuer, Kleider und Leibwäsche, blieben in den mitgebrachten Kisten verpackt und mussten mühsam hervorgekramt werden, wenn sie benötigt wurden. Die portugiesische Kronprinzessin war alles in allem nicht besser untergebracht als die Frau eines Kolonialherrn.
Die Ehe ließ sich zunächst gut an. Leopoldine war in ihren Gatten verliebt und auch Dom Pedro, der sie in den ersten Ehenächten nicht schlafen ließ, wie sie ihrem Vater in großer Vertraulichkeit berichtete, brachte seiner Gemahlin Zuneigung und Achtung entge-

gen. »Ich bin nun schon seit zwey Tagen mit meinem Gemahl vereinigt«, schrieb sie der Schwester nach Parma, »der nicht allein schön, sondern gut und verständig ist … Ich bin recht glücklich.«
Bereits nach etwa vier Wochen aber wurde die Ahnungslose von einem epileptischen Anfall des Gemahls überrascht, der sie in Angst und Schrecken versetzte. »Mein Gemahl war einen Tag recht krank an Nerven und machte mir abschäulich Angst, da es bey der Nacht war und ich die einzige Hülfe war«, schrieb sie dem Vater. Sie spekulierte damit, dass sich die Krankheit bei der Rückkehr nach Europa, mit der sie fest rechnete, bessern werde. Aber weder der eine noch der andere Wunsch erfüllte sich.
Der Kronprinz, der ein heftiges, aufbrausendes Temperament hatte, war launisch und misstrauisch und benahm sich immer rücksichtsloser. In den optimistischen Tonfall der Briefe Leopoldines mischte sich bald Tadel und Kritik. »Die Offenheit selbst, sagt er, und das mit einiger Ungeschliffenheit, alles, was er denkt«, klagte sie Marie Louise. »Immer seinen Willen auszuführen gewöhnt, muss sich alles an ihn gewöhnen, selbst ich muss mir einige Grobheiten gefallen lassen …«
Leopoldine musste sich mehr als nur Grobheiten gefallen lassen. Dom Pedro setzte sich über alle Maßstäbe der Moral hinweg und zwang schon bald nach der Eheschließung seine Frau dazu, mit ihm seine ehemalige Geliebte, eine französische Tänzerin, zu besuchen, die von ihm schwanger war.
Leopoldine ertrug die ihr zugefügte Schmach mit ungeheurer Seelenstärke. Sie hatte sich zum Ziel gesetzt, ihren manierlosen Gatten mit geduldiger Konsequenz zu einem erträglicheren Benehmen zu bringen, aus ihm einen besseren Menschen zu machen.
Das Leben in Boa Vista entsprach keineswegs ihren Vorstellungen. Das stellte sich bald heraus. Die Tage verliefen in einem eintönigen Ebenmaß. »Ich stehe alle Tage schon um sechs Uhr auf, weil ich um ½ 9 Uhr schon schlafen gehe, da so mein Gemahl es liebt, und hier es nicht Sitte ist, das Theater zu besuchen …«, beschrieb sie ihre Tageseinteilung. Sie ritt dann aus, nahm Lateinstunden und machte mit ihrem Gemahl, der einige Saiten- und Blasinstrumente be-

herrschte, Musik. Um 15.00 Uhr war Mittagstisch, der Abend gehörte der Lektüre oder ihren naturwissenschaftlichen Sammlungen. Außer dem Reiten und der Jagd gab es am portugiesischen Königshof kaum Abwechslung. Die Hofgesellschaft war ungebildet, der Umgangston rüde, die Tischmanieren ungehobelt. Die Intrige blühte. Die verschiedenen Cliquen, die sich um den König und die Königin gruppierten, machten einander das Leben sauer, bekriegten sich mit den Waffen der Verleumdung und des Klatsches.

Nach Rio kam die Kronprinzessin nur selten. Die Stadt, die damals ungefähr 100000 Einwohner zählte, besaß für sie keine Anziehungskraft. Die zumeist einstöckigen Häuser machten einen dürftigen Eindruck, in den schmutzigen Straßen türmte sich der Unrat. Die Mehrheit der Bewohner lebte in großer Armut.

Leopoldine, die man bei Hof mit wenigen Ausnahmen natürlich als Fremde betrachtete, hatte einen schweren Stand. Sie galt mit ihren außergewöhnlichen geistigen Interessen als Blaustrumpf. Zudem verübelte man es ihr, dass sie ihren Gemahl bei seinen Ausritten hoch zu Pferd im Herrensitz in Hosen und Reitstiefeln begleitete. Das verstieß ganz und gar gegen die übliche Sitte. Eine Dame pflegte nicht zu reiten. Man beäugte sie mit Argwohn und Missgunst.

Dom Pedro tat nichts, um seine Frau gegen die Feindseligkeiten der Hofgesellschaft zu schützen. Im Gegenteil. Er beraubte sie sogar der Stützen, die sie bei Hof hatte. Die paar Vertrauten, die sie aus Wien mitgenommen hatte, ihre Hofdamen und Kammerfrauen, mussten nach Europa zurückkehren und wurden durch Portugiesen ersetzt. Nur Dr. Johann Kammerlacher, der Leibarzt der Erzherzogin, durfte zunächst bleiben. Leopoldine war tief betroffen. »Mich macht das Abreisen meiner Landsleute recht melancholisch, denn so bleibe ich ganz verlassen von wackren Deutschen in dem heissen Amerika. Alle Freunde und Freundinnen in Europa! Dieses ist zum Verzweifeln«, klagte sie der Schwester in Parma. Sie fühlte sich isoliert, sie hatte Heimweh, sie litt unter der Herzlosigkeit ihres Mannes und den ungewohnten klimatischen Verhältnissen. »Du glaubst, Brasilien sei ein Goldthron, wohl ein Eisenjoch ist es«, schüttete sie Marie Louise ihr Herz aus.

Leopoldine war dazu erzogen worden, sich völlig dem Willen des Gatten zu beugen. Bei einem Mann vom Charakter Dom Pedros wirkte sich die Befolgung dieses Grundsatzes verheerend aus. Die ständige Nachgiebigkeit, das andauernde Sichfügen trieb sie in eine wachsende persönliche und finanzielle Abhängigkeit – der gewalttätige Gatte verweigerte ihr sogar die Bezahlung des ihr zustehenden Monatsgeldes – und stürzte sie in seelische Bedrängnis. Es war ein Dilemma, aus dem es nur schwer ein Entrinnen gab. Die Tochter Kaiser Franz' I. wurde mit Fortdauer der Ehe immer schwermütiger, ihre charakterliche und seelische Struktur veränderten sich. Geraume Zeit nach ihrer Heirat gestand sie Marie Louise, »dass, wenn (ich) Heute frey (wäre), ich nie wieder heirathen (würde)«. Der heilige Ehestand, fügte sie hinzu, bringe viel Kummer, Verdruss und Aufopferung und es sei nicht leicht, das alles zu ertragen. Leopoldine machte schwere Zeiten durch. Sie setzte alle ihre Hoffnungen auf die Geburt eines Kindes.

Im August 1818 stellten sich die ersten Anzeichen einer Schwangerschaft ein. Die Kronprinzessin war überglücklich und auch der Gemahl jubelte vor Freude. Dom Pedro änderte vorübergehend sein Verhalten Er schenkte seiner Frau mehr Aufmerksamkeit, benahm sich taktvoller und liebenswürdiger. Das hinderte ihn freilich nicht daran, das gemeinsame eheliche Lager mit fremden Betten zu vertauschen und sich mit Negersklavinnen zu vergnügen. Leopoldine war darüber informiert, aber sie getraute sich nicht, den Gatten zur Rede zu stellen. Sie vermied unter allen Umständen ein Zerwürfnis. Eheliche Treue war für Dom Pedro ein Fremdwort, eine unerfüllbare moralische Verpflichtung. Leopoldine, die ihrem Gatten keinen Wunsch abschlug, legte sich keine Schonung auf. Sie unternahm mit ihm tollkühne Ausritte, die die Gesundheit von Mutter und Kind gefährdeten. Um das Ärgste zu verhindern, untersagte ihr Dr. Kammerlacher jede unnötige körperliche Anstrengung. Mit diesem Verbot besiegelte er sein Schicksal. Dom Pedro schickte ihn nach Österreich zurück. Die Betreuung der Schwangeren wurde einem portugiesischen Gynäkologen anvertraut, der keineswegs ein Meister seines Faches war.

Am 4. April 1819 brachte Leopoldine eine Tochter zur Welt, die den Namen Maria da Glória erhielt. Die Geburt muss für die Mutter ein wahres Martyrium gewesen sein. »Selbst noch zwei Monathe später war die Roheit des portugiesischen Wundarztes, der mich mit seinen lieben Händen abscheulich zerfleischte, zu spüren«, schrieb sie der Schwester nach Parma. »Ich finde, hier ist es fast besser, wie die wilden Tiere im Walde sich seiner Last zu entledigen«, setzte sie hinzu.

Die Öffentlichkeit erfuhr davon selbstverständlich nichts. Die Geburt wurde im ganzen Land gefeiert, in der Kapelle des Boa-Vista-Schlösschens fand ein Tedeum statt, es gab Gala-Empfänge, Militärparaden und Freudenkundgebungen aller Art.

Trotz der schweren Entbindung war Dona Leopoldina, wie man sie in Brasilien nannte, vom Mutterglück durchströmt. Ihrem Kind widmete sie nun ihre ganze Aufmerksamkeit, hegte, pflegte und umsorgte es zu jeder Tages- und Nachtzeit. »Meine Tochter ist sehr stark und reizend und das vollkommene Abbild meines lieben Gatten«, schrieb sie ihrer Lieblingstante Maria Amalia, die mit dem Herzog von Orléans Louis Philippe verheiratet war, der später, von 1830 bis 1848, als Bürgerkönig den Thron Frankreichs innehatte. »Ich versichere Ihnen, dass ich ein unvergleichliches Glück spüre, Mutter zu sein … Ich habe den ganzen Tag meine geliebte Kleine auf den Knien und halte nach ihren geringsten Bewegungen und Wünschen Ausschau.« Die Ehe war jetzt so harmonisch wie nie zuvor und auch danach nicht wieder.

Nicht lange nach der Geburt des ersten Kindes war Leopoldine wieder schwanger. Aber sie brachte im Dezember 1819 nur eine Fehlgeburt zur Welt. Bereits vier Monate später ereilte sie dasselbe Schicksal. In den nächsten Jahren bis zu ihrem frühen Tod gebar Leopoldine drei Töchter und zwei Söhne und erlitt danach abermals einen Abortus. Innerhalb von acht Jahren waren es insgesamt acht Schwangerschaften, mit denen Leopoldine unter den widrigsten Bedingungen – das Eheleben wurde zunehmend zur Ehehölle – zu Rande kommen musste. Dass sie die Kraft aufbrachte, trotz der im Argen liegenden privaten Lebensumstände und unter dem Druck der Verhältnisse, dem sie ausgesetzt war, sich auch noch um das Land zu kümmern, in dem sie lebte, und in die Politik einzugreifen, grenzt an ein Wunder.

Brasilien war seit seiner Entdeckung zu Beginn des 16. Jahrhunderts eine portugiesische Kolonie. Das riesige Land, das flächenmäßig beinahe so groß ist wie der europäische Kontinent, ist reich an Bodenschätzen und Rohstoffen. Wie alle übrigen Gebiete, die unter europäischer Kolonialherrschaft standen, wurde es von den Portugiesen wirtschaftlich ausgebeutet.
Herren der riesigen Ländereien, auf denen vor allem Zuckerrohr angepflanzt wurde, waren vom portugiesischen König ernannte verdiente Militärs und königstreue Persönlichkeiten, die mit großen Vollmachten ausgestattet waren. Die Plantagen wurden von afrikanischen Sklaven bearbeitet, das in Capitanias (Regionen) eingeteilte Land wurde vom Mutterland aus verwaltet. Die einzelnen Regionen führten ein Eigenleben, eine einheitliche staatspolitische Gesinnung gab es nicht. Die portugiesischen Monarchen förderten diesen regionalen Provinzialismus, der ihren Herrscher- und Herrschaftsrechten entgegenkam.
Als im Jahre 1808 Napoleon Portugal eroberte, floh Dom João, der Vater Dom Pedros, der für seine geisteskranke Schwester die Regentschaft führte, mit seinem Hofstaat und einem Großteil der portugiesischen Führungsschicht – insgesamt etwa 15000 Personen – nach Brasilien und schlug seine Residenz in Rio de Janeiro auf. Er rettete dadurch die portugiesische Monarchie und seine eigene Herrschaft. João erhob am 16. Dezember 1815 seine ausgedehnten Besitzungen in Südamerika per Gesetz zu einem Königreich, das den Titel »Vereinigtes Königreich von Portugal, Brasilien und Algarbien« erhielt. Die Ausrufung zum Königreich wurde von der Bevölkerung mit großer Begeisterung aufgenommen. Für die Brasilianer war es ein erster Schritt in die Unabhängigkeit. König João VI. sah es anders. Er wollte von Brasilien aus das verarmte portugiesische Mutterland wieder in den Rang einer Großmacht zurückführen. Der Versuch national gesinnter Kreise, in Brasilien eine Republik zu

errichten, wurde 1817 niedergeschlagen. Es war das Jahr, in dem Leopoldine ihren Einzug in Rio de Janeiro hielt.
In Portugal, das nach dem Sieg über Napoleon durch ein Expeditionskorps unter der Führung des Herzogs von Wellington unter britischer Verwaltung stand und wo man die Entwicklung in Brasilien mit großer Sorge betrachtete, wurde der Ruf nach der Rückkehr des Königshauses immer dringlicher. König João VI. dachte freilich nicht daran, nach Europa zurückzukehren. Er trug sich mit der Absicht, seinen Sohn nach Lissabon zu entsenden. Leopoldine war von diesem Plan begeistert. Die Aussicht, nach Europa zurückzukehren und ihrer Familie um Tausende von Kilometern näher zu sein, versetzte sie in Hochstimmung. Die Entscheidung darüber war noch nicht gefallen, als in Portugal eine Militärrevolte ausbrach. Die britische Besatzungsmacht musste das Land verlassen, die Cortes, das portugiesische Parlament, beschloss eine liberale Verfassung, durch die die Rechte des Königs beträchtlich eingeschränkt wurden.
Nun war rasches Handeln geboten, zu dem sich der zaudernde König allerdings nicht entschließen konnte. Um das Maß voll zu machen, brachen nun auch in verschiedenen Teilen Brasiliens Aufstände los. Unter dem Zwang der Ereignisse rang sich der König dann doch zu dem Entschluss durch, in das Mutterland zurückzukehren. Er tat es schweren Herzens. »Hier war ich glücklich, hier war ich König«, soll er gesagt haben, als er Abschied nahm. Mit dem König kehrte ein Großteil des vermögenden Adels in die Heimat zurück. Für das finanzschwache Brasilien war es ein schwerer wirtschaftlicher Aderlass.
Der eigenwillige, wankelmütige Kronprinz und seine politisch völlig unerfahrene Gattin blieben in dem Riesenland, in dem es brodelte und gärte, als Herrscherpaar zurück. Sie waren um ihre Aufgabe nicht zu beneiden.
Dom Pedro stürzte sich mit Feuereifer in die Regierungsgeschäfte. Er kürzte die Mittel für die Hofhaltung, unternahm Inspektionsreisen durch das Land, bekämpfte die Korruption, führte liberale Reformen in der Rechtsprechung und auf anderen Gebieten durch. Das Parlament in Lissabon gab sich damit nicht zufrieden. Es erließ

Gesetze mit dem Ziel, die alte Kolonialherrschaft Portugals über Brasilien wiederherzustellen, das Land seiner Freiheiten zu berauben. Gegen diese Bevormundung durch das Mutterland und für die Erhaltung der staatlichen Einheit des Landes sprachen sich die so genannten Autonomisten aus. Sie versuchten Dom Pedro, der sich seinen Regentenpflichten nicht gewachsen fühlte und nach Europa zurückkehren wollte, für ihre Sache zu gewinnen. Der Regent zögerte. In dieser für die zukünftige Entwicklung des Landes entscheidenden Situation trat Leopoldine auf den Plan. Sie hatte sich nach einem längeren inneren Kampf zum Standpunkt durchgerungen, dass die portugiesische Monarchie nur zu retten sei, wenn ihr Gemahl und sie im Lande blieben.

Mit diesem Entschluss wuchs sie förmlich über sich hinaus. Sie verzichtete zugunsten politischer Überlegungen auf alle ihre persönlichen Wünsche und Hoffnungen. Es war ein gewaltiges Opfer, das sie brachte. Aber »das allgemeine Beste geht dem Privatwunsch, so heiss er noch seyn mag, vor«, schrieb sie ihrer Schwester nach Parma.

Nun, da es für sie klar war, welchen Weg sie einschlagen wollte und musste, ging sie daran, auch den Gatten auf ihre Seite zu ziehen, ihn umzustimmen, ihn von einer Rückkehr nach Portugal abzuhalten. Dom Pedro zögerte. Auf die Reize seiner Gattin hielt er offenbar nicht viel, aber ihren politischen Instinkt und ihre Ratschläge schätzte er. Als Anfang 1822 die Führungsmannschaft der Autonomisten bei ihm zur Audienz erschien und ihn bat, Brasilien nicht zu verlassen, entschied er sich kurzerhand für den Verbleib in Südamerika. Die Weichen für das weitere folgenschwere Schicksal Leopoldines waren damit gestellt. An den Vater in Wien schrieb sie: »Wir bleiben hier; da ist kein Zweifel mehr und, wie mir scheint, auf ewig.«

In einem Schreiben an den Marquis von Marialva blitzten ihre politischen Ansichten durch: »Es ist ein wahres Glück«, offenbarte sie sich ihm, »dass über unser Bleiben nun ein Entschluss gefasst ist; nach meiner Art, zu sehen und auf politischem Gebiet zu denken; ist das der einzige Weg, die portugiesische Monarchie vor ihrem totalen Zusammenbruch zu bewahren ...«

Der Konflikt zwischen Portugal und seiner wichtigsten überseeischen Kolonie trat nun in ein entscheidendes Stadium. Die Habsburgerin zog bei dieser welthistorischen Auseinandersetzung immer deutlicher und zielstrebiger die politischen Fäden. Während Dom Pedro die südlichen Provinzen des Landes bereiste, um dort die Autorität der Zentralregierung wiederherzustellen, wobei er auf seine üblichen amourösen Abenteuer nicht verzichtete, führte Leopoldine als seine Vertreterin die Regierungsgeschäfte. Sie wurde bei dieser für sie zunächst ungewohnten und wenig vertrauten Aufgabe vom Ministerpräsidenten, Dom José Bonifácio, klug beraten und tatkräftig unterstützt.

Leopoldine, die in ihrer Person politischen Weitblick mit staatsmännischer Einsicht vereinte, agierte überaus geschickte und zielstrebig. Sie hatte erkannt, dass die absolute Monarchie als Staatsform überholt war, und war bereit, Brasilien nach dem Muster der Vereinigten Staaten von Amerika eine Verfassung zu gewähren. Was ihr vorschwebte, war eine konstitutionelle Monarchie, wie sie bereits ihr Großvater Leopold I. in der Toskana ins Auge gefasst hatte. Sie stand damit, ohne dass es ihr in voller Schärfe bewusst war, in der freiheitlich-liberalen Tradition der toskanischen Linie des Hauses Habsburg. Darüber hinaus trat sie, zunehmend überzeugter und energischer, für die Unabhängigkeit Brasiliens und die damit konsequenterweise verbundene völlige Loslösung vom Mutterland ein. An ihren erzkonservativen Vater in Wien schrieb sie: »... Brasilien ist zu gross, mächtig und seine politische Stärke kennend, unfehig, den kleinen Mutterlande Colonie zu seyn; daher wird es noch viele harte, blutige Kämpfe kosten, wie mir scheint, so viel es meine Einsichten erlauben.«

Bei Kaiser Franz I. und seinem Staatskanzler Metternich stieß sie mit dieser Einstellung auf völliges Unverständnis und missbilligende Ablehnung. Natürlich reagierten auch die maßgebenden staatlichen Institutionen in Portugal auf Leopoldines ungewöhnliche politischen, Vorstellungen und Ambitionen. Das portugiesische Parlament verfügte die Auflösung des Königreiches Brasilien, eine Maßnahme, die es mit Waffengewalt durchzusetzen gewillt war.

Leopoldine handelte unverzüglich. In einer Krisensitzung, die sie einberief, beschloss die Regierung unter ihrem Vorsitz die Unabhängigkeit des Landes.
Nun galt es, auch den Gemahl, der sich zu diesem Zeitpunkt auf einer Reise durch die Provinz São Paulo befand, von der Richtigkeit und Notwendigkeit dieses Schrittes zu überzeugen. In einem langen, ausführlichen Schreiben legte sie Dom Pedro die Gründe dafür dar. Es gipfelte in dem dramatischen Appell: »Der Apfel ist reif, pflücke ihn jetzt, sonst wird er faul! – Pedro, dies ist der wichtigste Augenblick Deines Lebens! – Brasilien fordert Dich als Monarchen.«
Nach dem Bericht eines seiner Begleiter bebte Dom Pedro vor Zorn, als er den Brief gelesen hatte. Er beruhigte sich aber rasch, machte ein paar Schritte, raffte sich dann zu einer männlichen Pose auf und sagte: »Die Cortes verfolgen mich, heißen mich verächtlich ein ›Bürschlein‹ und einen ›Brasilianer‹. Gut, sie werden jetzt sehen, was dieses ›Bürschlein‹ wert ist. Von heute ab sind unsere Beziehungen abgebrochen; von der portugiesischen Regierung will ich nichts mehr; ich erkläre Brasilien für immer von Portugal getrennt.«
Der Prinzregent entschloss sich, nach Rio zurückzukehren, wo er nach einem anstrengenden, fünftägigen Ritt eintraf.
Nun ging es Schlag auf Schlag. Am 12. Oktober 1822 wurde Dom Pedro auf dem St.-Anna-Platz der Hauptstadt feierlich zum Kaiser von Brasilien ausgerufen. Die Zeremonie hatte Volksfestcharakter. Einige Wochen danach fand mit riesigem Pomp im Rahmen eines Gottesdienstes die Krönung und Salbung des Kaisers statt. Leopoldine, die nicht gekrönt wurde, wohnte der Feierlichkeit von der Tribüne der kaiserlichen Kapelle aus bei. In ihrem Gesicht spiegelte sich Zufriedenheit. Sie hatte ihr politisches Ziel erreicht. Das größte Land Südamerikas war für die Monarchie, der Thron für ihre Nachkommen gerettet, auch wenn ihr Gemahl kein Souverän von Gottes, sondern von des Volkes Gnaden war. Sie tröstete sich mit dem Gedanken, dass auch das Kaisertum Napoleons I. auf dieser Grundlage begründet worden war.
Das Kaiserreich Brasilien stand keineswegs auf festen Beinen. Es gab

keine Zentralverwaltung, in einigen Landesteilen herrschten Aufruhr und Chaos. Eine Verfassung musste ausgearbeitet, eine Volksvertretung gewählt werden. Vor allem aber musste der Schritt in die Unabhängigkeit vom Mutterland anerkannt und völkerrechtlich bestätigt werden.

Leopoldine, die sich als rechtmäßige Kaiserin betrachtete, stand ihrem Gemahl bei der Bewältigung der vielen neuen Aufgaben mit ganzer Kraft zur Seite. Ihrer Schwester Marie Louise schrieb sie: »Schmoll nicht mit mir, Werthe, wenn ich nur wenig schreibe; Du weisst nicht, meine Gute, wie viel ich zu thun habe. Ich helfe meinem Gemahl in den Geschäften.« Sie begleitete ihn bei öffentlichen Anlässen, rief Zehntausende deutsche Kolonisten ins Land und setzte sich bei ihrem Vater unermüdlich für die Anerkennung der brasilianischen Selbstständigkeit ein. Sie versuchte ihm klarzumachen, dass Brasiliens Größe für die europäischen Mächte, vor allem in merkantiler Hinsicht, von höchstem Interesse sei, und legte ein klares Bekenntnis zu ihrer neuen Heimat ab. »Ich werde stets von Herzen Brasilianerin bleiben«, erklärte sie ihm unmissverständlich. Ihre Zielstrebigkeit führte ans Ziel. Auf Drängen des österreichischen Kaisers und seines Staatskanzlers fanden sich König João und die Cortes schließlich dazu bereit, die staatliche Unabhängigkeit Brasiliens zu bestätigen. Die Habsburgerin hat sich damit um das größte Land Südamerikas bleibende Verdienste erworben.

So erfolgreich Leopoldine in der Politik war, so tragisch verlief ihr weiteres privates Schicksal. Ihr sexbesessener Gemahl hatte im August 1822 anlässlich eines Kurzbesuches in São Paulo eine Frau kennen gelernt, die er zu seiner Geliebten machte. Das war an sich nichts Ungewöhnliches und gehörte offenbar zum fixen Ritual bei jeder seiner Reisen. Dom Pedro war ein unersättlicher Schürzenjäger. Leopoldine wusste es. Sie hatte sich damit abgefunden, zumal er, den sie trotz seiner Seitensprünge von Herzen liebte, immer wieder zu ihr zurückkehrte und mit ihr im Ehebett Versöhnung feierte. Die Frauen, denen er vorübergehend seine Gunst schenkte, vermochten ihn auf Dauer nicht zu fesseln.

Diesmal freilich, das sollte sich bald herausstellen, war es anders.

Von Dona Domitila Pinto, wie die neue Eroberung hieß, war er entflammt. Die junge, ein wenig rundliche Dame war liebeserfahren und hatte bereits ein recht bewegtes Leben hinter sich, als sie dem brasilianischen Don Juan begegnete. Sie hatte von ihrem Ehemann, einem Offizier, zwei Kinder und war von ihm verstoßen worden, als sie außereheliche Liebesfreuden suchte, die nicht ohne Folgen blieben. Im Streit um das Sorgerecht der Sprösslinge zwischen ihr und ihrem Mann hatte sie sich an den Herrscher um Hilfe gewandt. Dom Pedro gewährte sie und verfiel ihr.

Was Dom Pedro an Domitila, die nach dem Moralkodex der damaligen Zeit in Brasilien als ehr- und würdelos galt, so zwanghaft band und fesselte, darüber gibt es in der einschlägigen Literatur die verschiedensten Erklärungs- und Deutungsversuche. Der einleuchtendste ist wohl der einfachste: Dom Pedro, Kaiser Pedro I. von Brasilien, war dieser Frau sexuell hörig. Die Liebesbriefe, die er ihr schrieb, sind der überzeugendste Beweis dafür. Ein brasilianischer Historiker beurteilte sie folgendermaßen: »Sie sind primitiv, behandeln rein körperliche Begegnungen und stellen Intimitäten (sexueller Natur) mit erschütternder Roheit dar.« Ein anderer Historiker wurde noch deutlicher. Dona Domitila, meinte er, sei eine Frau gewesen, die die Seele entflammte, die eine glutheiße Liebe ausstrahlte und den Geliebten »derartig geil machte, dass er in soldatischer Gier nach ihr griff«.

Wie auch immer, Dom Pedro war ihr total verfallen. Im ersten Stadium ihrer Liebesbeziehung hielt sich seine Leidenschaft noch in Grenzen. Auch versuchte er das Verhältnis geheim zu halten, solange seine Ehe noch einigermaßen intakt war. Der Kaiser brachte seine Geliebte, vom Hof unbemerkt, in einem unauffälligen Haus in Rio unter, wo er sie besuchte, sooft es ging.

Die intime Beziehung konnte natürlich auf Dauer nicht unbemerkt bleiben. Klarerweise blieb sie auch Leopoldine nicht verborgen. Es gibt Hinweise, dass sie schon sehr früh darüber informiert war.

Die Kaiserin machte gute Miene zum bösen Spiel. Dritten gegenüber tat sie so, als wüsste sie von der Affäre nichts, und gab sich ungerührt. Auch in ihren Briefen an die Verwandten in Europa hielt sie sich mit Äußerungen darüber zurück. In ihrer Seele sah es freilich düster aus. Der Gram über das ungebührliche und rohe Verhalten des Gatten schmerzte sie tief. Sie wurde von melancholischen Stimmungen heimgesucht, die Schwermut ergriff von ihr Besitz. Äußere Anzeichen ihrer seelischen Kümmernisse war ihre Fresssucht. Der ungezügelte Appetit, dem sie sich überließ, war natürlich ihrer Figur nicht zuträglich. Die Kaiserin, die von kleiner Statur war, wurde dick. Da sie auf Äußerlichkeiten wie Aussehen und Kleidung wenig Wert legte, scheint ihr das nichts ausgemacht zu haben. Mit Domitila, die auf Körperpflege und damenhaftes Flair viel hielt, konnte und wollte sie nicht konkurrieren. Dom Pedros Fehlverhalten wird dadurch selbstverständlich nicht entschuldbar.

Leopoldine unterwarf sich, ganz im Sinn der ehelichen Grundsätze, die man ihr am Wiener Hof eingeimpft hatte, völlig dem Willen des Ehegatten. Sie setzte in ihrem Verhalten ihm gegenüber aber auch darauf, dass er seiner Geliebten, wie üblich, überdrüssig werden würde. Das aber war, wie sie bald erfahren musste, ein Irrtum. Domitila gewann immer größeren Einfluss auf den Kaiser, dirigierte seine Schritte und Maßnahmen. Dom Pedro ließ nun auch bald die Maske fallen. Während er seine Gemahlin nicht nur in der Liebe, sondern auch in Geldangelegenheiten knapp hielt, sodass die Kaiserin sogar Schulden machen musste, war ihm für seine Mätresse nichts zu teuer. Er ließ gegenüber dem Haupteingang der Quinto Boa Vista ein prachtvolles Palais für sie errichten, das er mit kostbarstem Mobiliar ausstattete, stellte der anspruchsvollen Dame eine Schar von Dienern zur Verfügung, die ihr jeden Wunsch von den Lippen ablasen, und machte sie zur Ersten Hofdame. Die legitime Ehegattin wurde mehr und mehr zur Seite geschoben, in den Hintergrund gedrängt. Die Mätresse triumphierte.

Unwillkürlich fühlt man sich bei der Schilderung der Zustände am brasilianischen Kaiserhof an die Mätressenwirtschaft am französischen Königshof des 18. Jahrhunderts erinnert. Und diesen scheint sich Dom Pedro tatsächlich zum Vorbild genommen zu haben. Mit Ludwig XIV. und Ludwig XV. konnte er sich in Bezug auf Auftreten und glanzvoller Repräsentation freilich nicht messen.

Die herrschsüchtige, raffgierige Domitila genoss ihre unverdiente Position in vollen Zügen und nutzte sie weidlich aus. Sie setzte durch, dass die Gefolgsleute Leopoldines in der Regierung und bei Hof durch Günstlinge aus ihrem Familien- und Freundeskreis ersetzt wurden, und nahm mit unglaublicher Selbstherrlichkeit die Zügel in die Hand. Die Tochter eines Maultierhalters und pensionierten Obersten, nahm, vom Kaiser zur Baronesse und später sogar zur Vicomtesse erhoben, an Empfängen teil, trat in der Öffentlichkeit auf, vergab Posten und mischte sich in politische Entscheidungen ein.
Die Adelsgesellschaft akzeptierte es. Staatsmänner und Generäle, Richter und Bankiers, Diplomaten und geistliche Würdenträger machten ihr ihre Aufwartung, buckelten vor ihr, versuchten über sie ihre egoistischen Wünsche und Ziele durchzusetzen und zu erreichen. Keiner von ihnen hatte den Mut, das Treiben des Kaisers öffentlich anzuprangern.
Die Kaiserin ertrug alle Kränkungen und Demütigungen mit geradezu übermenschlicher Geduld und versuchte den Gemahl durch Versöhnlichkeit wieder auf den rechten Weg zurückzuführen. Vorübergehend ist ihr das sogar gelungen. Am 2. Dezember 1825 schenkte sie einem Knaben das Leben, der den Taufnamen des Vaters erhielt. Der Thronfolger hat später als Dom Pedro II. das von seinen Eltern begonnene Werk fortgesetzt und während seiner fast 50-jährigen Regierungstätigkeit das Kaiserreich Brasilien zu einer bleibenden politischen Einheit zusammengeschweißt.
Der Kaiser, dem kurz nach der Geburt des legitimen Sohnes von seiner Mätresse ein illegitimer geboren wurde, den man geschmackloserweise ebenfalls Dom Pedro taufte, spielte kurzzeitig den biederen Ehemann. Er zeigte sich mit Leopoldine in der Öffentlichkeit, ritt mit ihr aus und mied den Palast seiner Konkubine. Alles das geschah offenkundig nur, um das Volk zu beruhigen, das erste Anzeichen von Missmut über das unwürdige Verhalten des Regenten zeigte. Dessen ungeachtet kehrte dieser nach ein paar Wochen wieder in die Arme Domitilas zurück.
Anfang 1826 brach der Kaiser zu einer Reise in die Unruheprovinz

Bahia auf, bei der er sich nicht nur von seiner Gattin und seiner erstgeborenen Tochter, sondern auch von seiner Mätresse begleiten ließ. Leopoldine ertrug die ihr in aller Öffentlichkeit angetane Schmach mit gelassener Selbstachtung. Sie bedurfte dazu einer gehörigen Portion Seelenstärke. Denn der Gemahl ließ keine Gelegenheit aus, um sie hintanzusetzen. So bezog er in Bahia mit Domitila die Beletage eines Stadtpalais, während Leopoldine mit Räumen vorlieb nehmen musste, die weit weniger geräumig und wesentlich spärlicher eingerichtet waren.

Einen Monat nach der Rückkehr veranstaltete er am Geburtstag Domitilas einen großen Empfang, bei dem seine illegitime Tochter offiziell als kaiserlicher Sprössling anerkannt wurde und der gesamte Hof sowie die hohe Geistlichkeit dem Bastard mit Handkuss huldigten. Es war einer der schwärzesten Tage im Leben der bedauernswerten Habsburgerin.

Leopoldine war nun nicht länger bereit, die ihr angetane Schmach schweigend hinzunehmen und ohne Widerspruch zu ertragen. In den Briefen an Marie Louise sprach sie, wenn auch nicht mit letzter Deutlichkeit, ihre missliche Lage an. Dom Pedros ausdrückliches Verbot, nicht alleine auszureiten, missachtete sie. Sie verstieß damit gegen ihre ureigensten Lebensprinzipien und handelte sich prompt schwere Gewissensbisse ein. Noch einmal schien sich das Blatt zu ihren Gunsten zu wenden, als das Volk gegen Dom Pedro und seine Konkubine nunmehr in Flugblättern und Hausanschlägen offen und eindeutig Stellung bezog. Brasilien stand am Rande einer schweren sozialen Erschütterung. Wie schon einmal zuvor, lenkte der Kaiser vorübergehend ein, versöhnte sich mit seiner Gemahlin und gab sich den Anschein eines geläuterten Sünders. Kaum hatten sich die Gemüter beruhigt, führte er sein altes Lotterleben weiter und machte das Stadtpalais seiner Mätresse endgültig zu seinem Domizil.

Nun war auch für die geduldige Kaiserin das Maß voll. In einem Brief stellte sie ihren Gemahl vor die entscheidende Alternative: »Sir«, schrieb sie ihm, »seit einem Monat schlafen Sie nicht mehr zu Hause, ich wünsche, dass Sie eine von beiden (Öffentlich) anerken-

nen lassen oder mir die Erlaubnis geben, mich zu meinem Vater in Deutschland zurückzuziehen.« Als ihr keine Antwort zuteil wurde, rief sie den persönlichen Diener Dom Pedros zu sich und befahl ihm, dessen verbliebene Leibwäsche in einen Koffer zu packen und dem Kaiser zu übergeben.
Es folgte der Tragödie letzter Akt. Wütend und zornentbrannt eilte der gewalttätige Monarch nach Boa Vista, verschaffte sich Eintritt in die Gemächer seiner Gemahlin und überschüttete sie mit Vorwürfen und Schmähungen. Im Verlaufe der heftigen Kontroverse soll sich Dom Pedro an Leopoldine sogar tätlich vergangen haben.
Die seit Jahren gedemütigte Habsburgerin brach nun körperlich völlig zusammen. Anfang November 1826 zwangen starke Kopfschmerzen, Schweißausbrüche und Magenbeschwerden die schwangere Frau ins Krankenbett. Kaum fühlte sie sich ein wenig wohler, versetzte ihr der herzlose Gemahl den nächsten Schlag. Als sie es ablehnte, an einer großen Gala teilzunehmen, die Dom Pedro vor seiner Abreise in die Provinz Cisplatia (dem heutigen Uruguay) veranstaltete und bei der auch die Nebenbuhlerin zugegen sein sollte, stürmte er in das Schlafzimmer Leopoldines und misshandelte sie. Nach dieser letzten, schweren Demütigung war ihre Lebenskraft endgültig gebrochen. Sie weinte ohne Unterlass und sprach ständig von ihren Verwandten. Ihr Zustand verschlechterte sich von Tag zu Tag. Trotzdem hielt Dom Pedro an seinem Reiseplan fest. Am Tag vor seiner Abreise, die am 23. November erfolgte, nahm er von ihr Abschied. Die schon vom Tod gezeichnete Frau schenkte ihm einen Ring mit zwei kleinen Brillanten, der, wenn man ihn öffnete, zwei Herzen mit den Namen der beiden aufwies, berichtete ein Zeitzeuge. Es war die letzte versöhnliche Geste dieser großen Frau, deren Kraft nur von ihrer starken Verwurzelung im christlichen Glauben her zu verstehen ist. Leopoldine blieb ihrem durch das Sakrament der Ehe verbundenen Mann bis zu ihrem letzten Atemzug in Liebe zugetan.
In der Nacht vom 1. zum 2. Dezember 1826 erlitt sie eine Fehlgeburt. Ein paar Tage später empfing die Kaiserin das Letzte Abendmahl.

Seit dem Tag der Fehlgeburt befand sich Leopoldine in einem Zustand äußerster Erschöpfung. Sie wurde von heftigen Fieberanfällen geschüttelt, ihr ausgemergelter Körper wand sich in Krämpfen, ihr Atem ging schwer. Die Ärzte waren rat- und hilflos.

In einem der wenigen schmerzfreien Augenblicke ihres leidvollen Todeskampfes diktierte sie ihren letzten Brief. Er war an Marie Louise gerichtet. »Meine geliebte Schwester!«, formulierte sie, »Herabgekommen auf den beklagenswerten Gesundheitszustand und unter den größten Schmerzen auf der letzten Station meines Lebens angekommen, habe ich noch das Unglück, Euch nicht persönlich alle jene Gefühle ausdrücken zu können, die so lange in meiner Seele vorhanden sind. Meine Schwester! Ich werde Euch nicht wieder sehen! Ich werde nicht noch einmal wiederholen können, dass ich Euch liebte, dass ich Euch anbetete!«

Am 10. Dezember erhielt die Kaiserin die Sterbesakramente, am Morgen des nächsten Tages setzte der Tod ihrem Leiden ein Ende. Leopoldine, die demütige, fromme, kluge Tochter Kaiser Franz I. von Österreich, starb, fern von ihrer geliebten Heimat, verlassen und allein gelassen, an gebrochenem Herzen. Die heutige Medizin spricht von einem »psychogenen Tod«.

Die Nachricht vom Hinscheiden der Kaiserin löste vor allem bei den ärmeren Schichten in der brasilianischen Hauptstadt, für die die Monarchin stets ein offenes Herz gehabt hatte, große Trauer und Bestürzung, aber auch Empörung über das unmenschliche Verhalten Dom Pedros aus. Die Unruhe in der Bevölkerung hätte leicht in einen Volksaufruhr münden können. »Das Kaisertum schwankte in allen seinen Fugen«, schrieb ein brasilianischer Historiker. Aber die Revolte unterblieb.

Das Leichenbegängnis Leopoldines gestaltete sich zu einer riesigen Sympathiekundgebung für die beliebte Habsburgerin. Zehntausende Menschen säumten die Straßen, durch die sich der Zug vom Boa-Vista-Palast zur Kirche des Ajuda-Klosters bewegte, wo die Kaiserin ihre letzte Ruhestätte fand.

Dom Pedro kehrte erst einige Tage später in die Hauptstadt zurück. Er bekundete tiefe Trauer und gab sich den Anschein äußerster Betroffenheit. An seinen Schwiegervater in Wien richtete er die Worte: »Meine Sehnsucht übertrifft alle Worte, die ich gebrauchen könnte, und ich sage E. M., dass sie noch in meinem Herzen lebt und immer leben wird, bis der Tod mich von dieser Welt wird scheiden lassen.«

Nach der feierlichen Totenmesse, bei der er sehr gerührt war, schloss sich der Kaiser eine Woche lang in seinem Palast ein und verfasste auf die Gemahlin, die er in den Tod getrieben hatte, ein sentimentales Gedicht. Das Vertrauen und die Liebe seines Volkes hatte er längst verspielt. Im April 1831 wurde der unrühmliche erste Kaiser von Brasilien aus dem Lande gejagt.

Die unglückliche Leopoldine, deren Leichnam heute in einem Nationaldenkmal in der Nähe von São Paulo ruht, hat erst in den letzten Jahren jenes Verständnis und jene Beachtung und Wertschätzung gefunden, die dieser großen Regentin aus dem Hause Habsburg gebühren.

Maria Leopoldine
Kurfürstin von Bayern

Sie rettete den Wittelsbachern den Thron

Geboren am 10. Dezember 1776 in Mailand
Gestorben am 23. Juni 1848 bei Wasserburg (Bayern)
Verheiratet mit
Karl Theodor, Kurfürst von Bayern
Ludwig, Graf von Arco

Es war Mitte September 1794, als Karl Theodor, der Kurfürst von Bayern, dessen Gemahlin einen Monat zuvor gestorben war, beim Kaiser in Wien um die Hand einer Erzherzogin anfragen ließ. Karl Theodor hatte es eilig. Er hatte zwar zahlreiche illegitime Kinder, aber keinen männlichen Erben. Das einzige Kind aus seiner mehr als fünfzigjährigen Ehe mit Elisabeth Auguste von Pfalz-Sulzbach, ein Sohn, war kurz nach der Geburt gestorben.

Karl Theodor war, persönlich gesehen, keineswegs ein imponierender Brautwerber. Er war ein 70 Jahre alter, von seinen lebenslangen Liebesaffären ausgelaugter, müder Mann, der bereits dem Tod ins Auge blickte. Das wusste jedermann in Bayern und das war auch in der Wiener Hofburg bekannt.

Kaiser Franz II., der zwei Jahre zuvor die Herrschaft in den habsburgischen Erblanden angetreten hatte, dachte freilich in Heiratsangelegenheiten, die sein Haus betrafen, ausschließlich dynastisch. Wie übrigens alle seine Vorgänger und Vorfahren. Hatte nicht schon sein Onkel, Kaiser Josef II., seine Hand nach Bayern ausgestreckt? Eine so günstige Gelegenheit wie diese konnte er sich nicht entgehen lassen. Er sei über die Anfrage hocherfreut und würde es sehr begrüßen, die Bande der Freundschaft zwischen den beiden Höfen noch enger zu knüpfen, als sie seien, ließ er nach München berichten.

Franz II. hielt in seiner weitverzweigten Familie Ausschau nach einer Braut. Seine Wahl fiel auf seine Cousine, Erzherzogin Maria Leopoldine, die vom Plan ihres kaiserlichen Vetters natürlich nichts ahnte. Wieder einmal bahnte sich im Hause Habsburg ein dynastiebestimmtes Eheprojekt an, sollte ein junges, hoffnungsvolles Leben der höfischen Politik geopfert werden.

Maria Leopoldine, die in Aussicht genommene Braut des betagten bayerischen Kurfürsten, war am 10. Dezember 1776 in Mailand geboren worden und um 52 Jahre jünger als Karl Theodor. Die zweitälteste Tochter Erzherzog Ferdinands, des Generalgouverneurs der Lombardei, und seiner Gattin Maria Beatrix von Modena-Este war ein springlebendiges, heiteres, lebensfrohes Geschöpf. Sie sehe gut aus, wurde nach München berichtet, um das junge Mädchen dem alten Freier schmackhaft zu machen, sei wohl gewachsen und gut erzogen. Maria Leopoldine hatte nur einen kleinen körperlichen Defekt: der linke Fuß war ein wenig kürzer als der rechte. Das angeborene Gebrechen rührte offenbar von einer Hüftluxation her, wie es nach heutigem Sprachgebrauch heißt. Aber das sei überhaupt nicht schlimm, hieß es in dem Bericht weiter, das falle nicht weiter auf, die Erzherzogin sei eine vortreffliche Tänzerin. Und dann folgte der bedeutungsvolle Satz, auf den alles ankam: »Sie ist vive und bekommt gewiss Kinder.«

Karl Albrecht schmunzelte, als er das Schreiben las. Er war höchst zufrieden. Mehr als das, er war über alle Maßen beglückt. Sogleich ging ein offizielles Werbungsschreiben nach Wien ab, in dem er auf eine rasche Entscheidung drängte.

Nun war wieder der Kaiser am Zug. Seine Majestät unterbreitete jetzt den Eltern des Mädchens den Heiratsplan und vergaß nicht darauf hinzuweisen, wie sehr dessen Realisierung im Interesse der Dynastie liege.

Erzherzog Ferdinand Karl Anton, der zweitjüngste Sohn der großen Maria Theresia, war ein nicht eben hoch begabter, aber liebenswürdiger und wohltätiger Mann, der sich in der Lombardei einer bemerkenswerten Beliebtheit erfreute. Seinen acht Kindern (das neunte starb in jungen Jahren) war er ein fürsorglicher Vater. Aber auch er dachte natürlich dynastisch. Seinen Söhnen hohe und höchste Positionen zu verschaffen und seine beiden Töchter vortrefflich zu versorgen waren ihm ein Anliegen. Die älteste Tochter, nach der Großmutter auf den Namen Maria Theresia getauft, war bereits mit Viktor Emanuel I., dem König von Piemont-Sardinien verheiratet. Nun bot sich auch für Maria Leopoldine die Aussicht, in eine angesehene Dynastie einzuheiraten. Konnte man sich eine solche Gelegenheit entgehen lassen, noch dazu, wo die politische Situation so bedrohlich war? Zwischen Österreich und Frankreich gab es Krieg und es war völlig ungewiss, wie lange er und seine Familie noch in Mailand würden residieren können. (In der Tat musste er die Stadt 1796 vor den französischen Truppen fluchtartig verlassen.)

Der Generalgouverneur, vom Kaiser jüngst zum Kommandanten der in Italien stationierten Armee ernannt, stand dem Ansinnen seines kaiserlichen Neffen durchaus positiv gegenüber. Was machte der Altersunterschied zwischen den Partnern schon aus?
Die Mutter, Maria Beatrix, war anderer Meinung. Sie wollte ihre Tochter Maria, die ihr ans Herz gewachsen war, nicht so ohne weiteres ihrem Schicksal überlassen. Das Mädchen sei für eine Heirat noch zu jung, zu unreif und unerfahren, argumentierte sie.
Maria Beatrix war eine überaus kluge Frau, die ihrem Gemahl an Intelligenz und Bildung weit überlegen war. Sie stemmte sich mit aller Kraft gegen die politischen Absichten des Kaisers, denen sie ihre Tochter opfern sollte. Doch sie musste sich in das scheinbar Unvermeidliche fügen.
Und Maria Leopoldine selbst? Wie reagierte sie auf das Ansinnen des mächtigen Cousins? Sie war schlichtweg schockiert. Sie weigerte sich einen Mann zu heiraten, der um ein halbes Jahrhundert älter war als sie, älter als ihr Großvater. Wie konnte sie mit ihren achtzehn Jahren einem Greis eine hingebungsvolle, treue Gemahlin sein? Die junge Erzherzogin weinte sich beim Gedanken an ihre Vermählung die Augen leer. Aber auch ihr Widerstand erwies sich letztlich als zwecklos.
Der Kaiser in Wien musste lange auf die zustimmende Antwort der Eltern der Erzherzogin warten. Als er sie endlich in Händen hielt, war er erleichtert. In hölzernem Amtsdeutsch brachte er seinen Dank zum Ausdruck.

Nach Vorliegen der Zustimmung zur Heirat durch das Erzherzogspaar kam Anfang Januar 1795 Graf Maximilian Waldburg-Zeil als Brautwerber nach Mailand, um für seinen bayerischen Landesherrn den Ehevertrag auszuhandeln. Wie es damals üblich war, übergab er bei seiner ersten Audienz der Braut ein Porträt ihres zukünftigen Ehegatten. Maria Leopoldine soll nach einer kurzen, oberflächlichen Betrachtung des Bildes bemerkt haben: »Gottlob, dass er schon so alt ist.« Wenn es sich so abgespielt hat, wie es überliefert ist, dann gestattet uns das einen Blick in die seelische Verfassung des

Mädchens. Denn unausgesprochen, vielleicht sogar ungewollt, brachte Maria Leopoldine damit zum Ausdruck, dass sie auf eine kurze Ehe hoffte. Diese Aussicht scheint ihr den Blick in ihr zukünftiges Leben erleichtert zu haben.

Von der Erzherzogin war der kurfürstlich-bayerische Brautwerber übrigens recht angetan. Sie sei für ihr Alter sehr groß gewachsen und habe eine wohlgebildete, ja vollkommene Taille, berichtete er nach München. In ihrem runden Gesicht fielen ihm die »proportionierte schöne gerade« Nase, die sehr frischen Augen und die weißen Zähne auf. Nur ihren Mund fand er etwas zu breit. Ihre Physiognomie sei im Übrigen mehr italienisch als deutsch, fand er. Womit er völlig Recht hatte. Maria Leopoldine war in ihrem Aussehen und Wesen eine Italienerin. In einem ausführlichen Bericht an seinen Herrn und Gebieter stellte der brautwerbende Graf der jungen Braut selbstredend das denkbar beste Zeugnis aus, pries ihre Vorzüge, Begabungen und Kenntnisse. Sie sei mildtätig und gottesfürchtig, brachte er zu Papier, sie fasse leicht auf und beherrsche die italienische, französische und deutsche Sprache.

Der Kurfürst war hingerissen, als er das las. Er befahl dem Grafen, die Hochzeitsvorbereitungen voranzutreiben, und erwies sich bei der Abfassung des Heiratsvertrages als ausgesprochen großzügig. Er schrieb seiner zukünftigen Gemahlin eine jährliche Geldsumme von 30 000 Gulden zur persönlichen Verwendung aus und sorgte gleich auch für ihre voraussichtliche Witwenschaft vor. Maria Leopoldine sollte das kurfürstliche Schloss in München oder das Schloss Neuberg als Witwensitz erhalten, ihr Hofstaat aus Staatsmitteln bezahlt werden. Karl Theodor wollte seiner jungen Frau den Weg in den Ehestand auf jede nur mögliche Weise versüßen und sie bis an ihr Lebensende finanziell absichern. Liebe, Glück und Zufriedenheit kann man sich durch Geld freilich nicht erkaufen.

Nach Abschluss der Vertragsverhandlungen wurde die Heirat auf den 15. Februar 1795 festgesetzt. Als Trauungsort wurde Innsbruck bestimmt. Sowohl der Hochzeitstermin als auch der Vermählungsort waren ungewöhnlich. Man war offenbar allseits bemüht, in der Öffentlichkeit kein großes Aufsehen zu erregen. Zu Monatsbeginn gab der Kurfürst bei einer Hofgala seine bevorstehende Heirat offiziell bekannt. Die Nachricht schlug in den europäischen Residenzen wie eine Bombe ein.

Das Brautpaar sah einander einen Tag vor der Trauung zum ersten Mal. Eine allfällige Reaktion der Braut über ihren greisen Gemahl ist nicht überliefert.

Die Heiratszeremonie wurde am Abend des 15. Februar, dem Faschingssonntag des Jahres 1795, im Thronsaal der Innsbrucker Hofburg vollzogen. Als Hochzeitsgäste waren nur die nächsten Familienangehörigen geladen, größere Feierlichkeiten unterblieben. Die Schaulust der Bevölkerung blieb unbefriedigt. Über die Hochzeitsnacht, wenn es überhaupt eine gab, hüllten sich die beiden Ehepartner in Schweigen.

Am dritten Tag nach der Verheiratung trat das ungleiche Paar die Reise nach München an. Die junge Braut nahm schweren Herzens Abschied von ihren Eltern und ihren bisherigen Lebensgewohnheiten. Es war ein bitterkalter Wintertag. In einen Pelz eingewickelt, kuschelte sich Maria Leopoldine in die gefederte, mit Damast bespannte Kutsche des Kurfürsten. Im gemächlichen Tempo langte die Wagenkolonne auf verschneiten Straßen am Abend des 18. Februar 1795 im Kloster Benediktbeuern ein, wo man Nachtquartier bezog.

Der Einzug des Kurfürstenpaares am nächsten Tag in der Residenzstadt der Wittelsbacher vollzog sich in einem festlichen Rahmen. Kanonenschüsse wurden abgefeuert, die Kirchenglocken geläutet. Der Hochzeitszug wurde am Karlstor, wo eine Triumphpforte errichtet worden war, vom Hof und den Honoratioren der Stadt begrüßt und willkommen geheißen. Die Häuser waren beflaggt, am Straßenrand winkten neugierige Menschen der jungen Braut zu.

Im Hof der Residenz spielte die Gardemusik einen flotten Militärmarsch, als der betagte Kurfürst mit der habsburgischen Prinzessin am Arm dem Schloss zuschritt. Eine prachtvolle Tafel und ein abendliches Kammerkonzert beschlossen den aufreibenden Tag. Auch in den Wochen nach der Hochzeit reihte sich in München Fest an Fest. Bälle wurden veranstaltet, Theaterstücke aufgeführt, Glückwünsche dargebracht, Huldigungsschreiben verfasst. Die ausgefallensten Feierlichkeiten organisierte Kriegsminister Benjamin Thompson, Graf von Rumford, der im Englischen Garten alle möglichen Veranstaltungen durchführen ließ. Im Taumel der Ereignisse kam Maria Leopoldine kaum zur Besinnung. Die temperamentvolle Südländerin verhielt sich zunächst so, wie man es von ihr erwartete. Sie wohnte Gottesdiensten bei, betete fromm und andächtig, war liebenswürdig, leutselig, zuvorkommend, angepasst. Nach außen hin schien alles in bester Ordnung zu sein. In ihrem Innern sah es freilich anders aus. Da fraß sich eine maßlose Erbitterung in ihre Seele. Wie konnten ihre Eltern so rücksichtslos sein, sie an einen so verlebten, kränkelnden Mann zu verheiraten?

Je länger sie an der Seite Karl Theodors lebte, desto hässlicher und verachtenswerter fand sie ihn. Und sie verhehlte ihre Gefühle auch gar nicht, weder ihm noch anderen gegenüber. Der österreichische Gesandte am kurfürstlichen Hof, Graf Ludwig Konrad Lehrbach, der jeden ihrer Schritte beobachtete und registrierte, berichtete nach Wien: »Es geht im Ehebett nicht ganz gut.«

Das war eine diplomatische Untertreibung. Es ging wahrscheinlich überhaupt nicht. Schon bald nach der Hochzeit entzog sich Maria Leopoldine den Annäherungsversuchen ihres Gatten und sagte ihm nach einem Streit sogar die Erfüllung der ehelichen Pflichten auf. Sie pflegte eifrigen Umgang mit ihrem italienischen Beichtvater, suchte die Gesellschaft junger Leute, ließ sich mit Max Joseph, dem Chef der wittelsbachischen Linie Zweibrücken-Birkenfeld, den Karl Theodor gründlich hasste, in ein Liebesverhältnis ein. Nicht mehr und nicht weniger behauptete jedenfalls dessen Vetter in seinem Tagebuch, in dem er festhielt, dass, wie ihm berichtet wurde, sein Vater »bei Lebzeiten des verstorbenen Kurfürsten die verwitwete Kurfürstin beschlafen habe«. Der Kurfürst seinerseits holte seine ehemalige Mätresse an den Hof zurück.

In Wien registrierte man die Entwicklung der kurfürstlichen Ehe mit erheblichem Missfallen und Missvergnügen. Der Kaiser, der sich mittels seiner Cousine politischen Einfluss in München erhofft hatte, war verärgert. Er gab seinem Gesandten den Auftrag, die Dinge wieder ins rechte Lot zu bringen.

Maria Leopoldine wies freilich alle Ratschläge zurück und entschlug sich jeder Einflussnahme. Reifer und unabhängiger geworden, ließ sie sich überhaupt keine Vorschriften machen, legte ein schockierendes Benehmen an den Tag, provozierte bei jeder sich bietenden Gelegenheit den Gemahl und den Münchner Hof. Launenhaft, leichtsinnig und unberechenbar tat sie, was ihr gerade in den Sinn kam und Lust bereitete. So machte es ihr zum Beispiel Spaß, ihren Gästen bei Festmählern Fledermäuse, Katzen, ja sogar Ratten servieren zu lassen, was nicht geringe (Magen-)Verstimmungen und Skandale auslöste.

Auf Schloss Nymphenburg, dem weitläufigen Land- und Sommersitz der Wittelsbacher westlich von München, wo sie sich besonders wohl fühlte und ungezwungen benehmen konnte, veranstaltete sie Bälle, organisierte Feste und übernahm Rollen in Theaterstücken, die sie selbst inszenierte. Ihre Lebenslust und ungezügelte Vergnügungssucht überschritten bald jedes normale Maß. Die junge Kurfürstin trieb es bunt und bunter, ihre Liebesaffären wurden bald zum prickelndsten Gesprächsstoff in der Isarstadt. Ein italienischer Gardeoffizier, der Hofmusikus Franz Eck, der berühmte bayerische Staatsmann Graf Maximilian Montgelas, der Kämmerer Graf Carl von Arco, der Augsburger Domherr und Schürzenjäger Graf Karl Rechberg, um ein paar Namen zu nennen, konnten sich rühmen, ihre Gunst besessen zu haben. Ja selbst Kardinal Annibale Sarmattei della Genga, der später als Leo XII. die päpstliche Tiara trug, zählte zu ihrem Freundeskreis.

Der betrogene Ehemann, dessen Senilität immer beunruhigendere Ausmaße annahm, musste sie gewähren lassen, versuchte nur dann und wann einmal, einen unbequemen Liebhaber von dessen Posten zu entfernen oder an einen anderen Hof abzuschieben. Das Treiben seiner Gemahlin vergällte dem todkranken Mann den Lebensabend.

Auch politisch ging Maria Leopoldine ihre eigenen Wege. Wenn Kaiser Franz II. gehofft hatte, die Kurfürstin würde in München die Interessen des Hauses Habsburg vertreten, so sah er sich in dieser Annahme bald enttäuscht. Genau das Gegenteil war der Fall. Maria Leopoldine setzte auf die Wittelsbacher. Sie beklagte öffentlich und lauthals deren Abhängigkeit von Wien und hielt zum Ärger und Verdruss ihres Gemahls mit ihren Sympathien für die Linie Pfalz-Zweibrücken nicht hinter dem Berg. Nicht das Haus Habsburg sollte nach dem Tod Karl Theodors dessen Erbe in Bayern antreten, sondern dieser Zweig der Familie. Dazu wollte sie das Ihre beitragen, dazu war sie fest entschlossen.

Die Kräfte des Kurfürsten nahmen mehr und mehr ab. Bereits im Oktober 1797 war er in einem so schlechten Gesundheitszustand, dass der Hof täglich mit seinem Ableben rechnete. Er erholte sich dann wieder, war aber kaum noch zu irgendeiner Entscheidung fähig und Wachs in den Händen seiner Frau, die nun das Zepter führte. Am Abend des 12. Februar 1799 kam dann der Augenblick, auf den Maria Leopoldine insgeheim längst gewartet hatte. Während des Kartenspiels mit zwei hohen Herren seines Hofstaates sackte der Kurfürst plötzlich vom Schlag getroffen bewusstlos zusammen.

Die politische Situation war brisant. Österreichische Truppen waren im Land stationiert, das politische Schicksal Bayerns stand auf dem Spiel. Rasches Handeln war notwendig. Die junge Kurfürstin ließ es daran nicht fehlen. Kaum war ihr Gemahl in den Armen seines Generaladjutanten, Friedrich Freiherrn von Hertling, zusammengebrochen, setzte sie Herzog Max Joseph von Pfalz-Zweibrücken davon in Kenntnis. »Lieber Neffe«, teilte sie ihm in französischer Sprache mit, »im wichtigsten Augenblick meines Lebens wende ich mich an Sie. Der Kurfürst ist in Agonie … Mir bleibt nur die Zeit, mich Ihnen zu empfehlen. Bedenken Sie, dass Sie mein einziger Rückhalt sind und dass ich, solange Sie mir gewogen sind, es mir zur Ehre gereichen lasse, gänzlich dem Hause Pfalz anzugehören. Ich hoffe, Sie sind überzeugt, dass ich Ihnen stets als aufrichtige Freundin anhänglich war. Jetzt bin ich Ihre Untertanin und ich bin stolz darauf … Ich erwarte Sie mit Ungeduld und werde mich nach Ihren Befehlen richten.«

Die Linie Pfalz-Zweibrücken des Hauses Wittelsbach, die schon längst Vorsorge für die Übernahme der Regierung im Kurfürstentum Bayern getroffen hatte, handelte unverzüglich. Wilhelm von

Birkenfeld, der Vetter Max Josephs, reiste von Landshut sofort nach München, um alle nötigen Vorkehrungen für den Machtwechsel in Gang zu setzen.

Wilhelm wurde an das Sterbebett des Kurfürsten geführt, wo er den Tod Karl Theodors miterlebte. Der ungeliebte Kurfürst starb am 16. Februar 1799. Sein Ableben wurde in München mit Erleichterung aufgenommen. »Man läutete bei den Theatinern«, berichtete ein Zeitgenosse, »und eine ganze Stadt fing endlich an, frey zu athmen; denn jedermann beklagte sich diese Tage, dass man vor innerer Unruhe und vor Furcht und Kummer, dass es wieder besser gehen könnte, nicht essen, schlafen und nichts denken könne ...«

Nun schlug Maria Leopoldines große Stunde. Als anlässlich des Todes ihres Gatten Wilhelm von Birkenfeld die Frage an sie richtete, ob sie von Karl Theodor ein Kind erwarte (das wurde gemunkelt), antwortete sie mit einem entschiedenen Nein. Die langgehegte Hoffnung des Hauses Habsburg, sich durch einen legitimen Erben auf friedliche Weise in den Besitz Bayerns setzen zu können, war damit ausgeträumt. Die Kurfürstin hat mit dieser Aussage den Wittelsbachern den Thron gerettet. Noch ein halbes Jahrhundert später hat König Ludwig I. von Bayern jedenfalls diese Meinung vertreten.

Die Übernahme der Regierungsgeschäfte durch die Linie Pfalz-Zweibrücken ging ohne Schwierigkeiten über die Bühne, da der Kaiser in Wien davon Abstand nahm, eine militärische Annexion Bayerns in Erwägung zu ziehen. Ein neuer Waffengang gegen Frankreich stand bevor.

Der verstorbene Kurfürst wurde am 21. Februar 1799 in der Münchener Hofkirche beigesetzt. Am 12. März hielt der neue Herrscher Max Joseph unter dem Jubel der Bevölkerung seinen Einzug in der bayerischen Hauptstadt.

Für die attraktive Maria Leopoldine war ein kurzer, traumatischer Lebensabschnitt zu Ende. Die Kurfürstin war in den vier Jahren der ihr aufgezwungenen Ehe mit Karl Theodor reifer geworden, an Lebenserfahrung um vieles reicher. Sie war erst 22 Jahre alt, sie fühlte sich nun frei und unabhängig, ihre materielle Existenz war auf Dau-

er gesichert. Als Residenz wurde ihr die Maxburg in München zugewiesen, als Sommersitz erhielt sie Schloss Berg am Starnberger See. Für ihren jährlichen Unterhalt stand ihre eine Apanage von 100 000 Gulden zur Verfügung, ein Hofstaat, bestehend aus einer Hofmeisterin, vier Palastdamen und einer zahlreichen Dienerschaft, sorgte für ihr leibliches und geistiges Wohl.
Obwohl die Kurfürstin Witwe, wie man sie von nun an nannte, nicht mehr im Zentrum des höfischen und gesellschaftlichen Lebens stand, erregte sie durch ihren ungezwungenen, die Konventionen sprengenden Lebenswandel die Gemüter aller Bevölkerungsschichten. Sie stieß damit auf mehr Ablehnung als Zustimmung.
Trotz aller Versuche des kurfürstlichen Hofes, die Angelegenheit zu vertuschen, wurde es bald publik, dass Maria Leopoldine schwanger war. Die Neuigkeit machte rasch in ganz Bayern die Runde, die Gerüchtebörse quoll über. Das Rätselraten über den Vater wurde zum pikanten Gesellschaftsspiel. Wer war es? Der Hofmusikus Franz Eck, der aus München verbannt wurde, Graf Arco oder gar der regierende Kurfürst selbst? Diese Frage ist bis heute unbeantwortet geblieben, denn Maria Leopoldine gab die Vaterschaft des Kindes nicht preis.
Die Schwangerschaft der Exkurfürstin brachte die Höfe in Wien und München in arge Verlegenheit. Was tun? In raschem Einvernehmen entschied man sich dafür, Maria Leopoldine heimlich und unter falschem Namen für die Dauer von 6 Monaten nach Laibach zu schicken. Wieder wurde über ihren Kopf hinweg eine Entscheidung gefällt, die sie missbilligte, der sie sich aber nolens volens fügte. Anfang August trat die Habsburgerin mit dem südländisch-feurigen Temperament die Fahrt in ihr Exil an, das nicht ein halbes, sondern zwei volle Jahre dauern sollte. Denn Maria Leopoldine kehrte erst am 5. September 1801 wieder nach München zurück.
Über den zweijährigen Aufenthalt in Laibach konnte selbst die verdienstvolle Biografin der Kurfürstin, Sylvia Krauss-Meyl (siehe Literaturverzeichnis), nur wenig in Erfahrung bringen. Die einschlägigen Unterlagen wurden vernichtet. Maria Leopoldine soll in der Stadt in der Südsteiermark, die heute zu Slowenien gehört, im Pa-

lais eines Adeligen gewohnt haben und der gesellschaftliche Mittelpunkt der Stadt gewesen sein. Mit Sicherheit steht fest, dass sie in Laibach einen unehelichen Sohn zur Welt gebracht hat. Was mit dem Kind geschah, wer es pflegte, bei wem, wo und wie es aufwuchs, all das ist nicht mehr eruierbar. Die Mutter hat darüber kein Wort verloren. Es muss ihr unsäglich schwer gefallen sein, denn die offene, wahrheitsliebende Frau hatte Kinder gern.

Die Rückkehr der Kurfürstin Witwe nach München, die ihr der Kaiser gestattete, nachdem sie ihm versprochen hatte, ihm keine Schwierigkeiten mehr zu bereiten, ging problemlos vonstatten.

Maria Leopoldine bezog wieder die Maxburg. Kurfürst Max Joseph war darüber nicht sehr erbaut. Es wäre ihm lieber gewesen, seine jugendliche, flatterhafte Tante hätte ihren dauernden Aufenthalt in Österreich genommen. Aber daran war nicht zu denken. Maria Leopoldine war fest entschlossen, für immer in Bayern zu bleiben. Allerdings nicht in München und auch nicht in Berg am Starnberger See. Als Witwensitz, der ihr vertraglich zustand, wählte und kaufte sie das Landgut Stepperg in der Nähe der Residenzstadt Neuburg am Inn.

Stepperg, damals eine Tagesreise von München entfernt, liegt in einer fruchtbaren, schönen Gegend. Die Kurfürstin Witwe, die die Natur liebte und vom Leben am kurfürstlichen Hof mehr als genug hatte, fand die ländliche Abgeschiedenheit wohltuend und beruhigend. Sie konnte wieder ruhig schlafen, brauchte sich nicht mit Fragen der Etikette und des Anstandes herumzuschlagen … »Kein Vorwurf quält mich des Abends und stört meinen Schlaf, alle, die mich umgeben, sind mir gut«, brachte sie ihre persönliche Situation auf den Punkt.

Gleich nach dem Kauf des Gutes nahm Maria Leopoldine den Besitz in Augenschein und stellte fest, dass er ziemlich herabgewirtschaftet war. Das Schloss und die Wirtschaftsgebäude waren renovierungsbedürftig, die Bestellung der landwirtschaftlichen Flächen ließ zu wünschen übrig. Um positiv bilanzieren zu können, musste der Ernteertrag kräftig gesteigert werden.

Die verwitwete Kurfürstin von Bayern verstand mit ihren 27 Jahren nicht viel von der Verwaltung eines landwirtschaftlichen Betriebes. Aber sie fand in der Person des Unternehmers und Finanzexperten Joseph von Utzschneider einen tüchtigen und kompetenten Berater. Utzschneider führte sie in die Betriebswirtschaft ein, ging ihr bei der Erstellung der Jahresbilanzen an die Hand, stand ihr bei An- und Verkäufen mit Rat und Tat zur Seite. Maria Leopoldine stürzte sich mit Feuereifer in die Arbeit. Sie hatte nun ein Betätigungsfeld, konnte eigenverantwortlich handeln, brauchte nicht nach der Pfeife eines anderen zu tanzen. Von allen gesellschaftlichen Zwängen befreit, ungebunden und ungehemmt, konnte sie ihr Leben nun so gestalten, wie es ihren Vorstellungen entsprach.

Die Kurfürstin Witwe kannte keine gesellschaftlichen Vorurteile. Sie mischte sich unter die Leute, stattete den bäuerlichen Familien, die ihre Güter bewirtschafteten, Besuche ab, kümmerte sich um ihre Sorgen und Nöte. Vor allem aber scheute sie sich nicht, bei der Arbeit selbst Hand mit anzulegen. Sie fand es keineswegs unter ihrer Würde, bei der Feldarbeit mitzuhelfen, Heu zu ernten, Kartoffeln einzusammeln. Unermüdlich kümmerte sie sich um alle Belange, kaufte persönlich das Saatgut ein, besuchte Viehmärkte, handelte mit Mastochsen und landwirtschaftlichen Produkten und inspizierte hoch zu Ross – sie war eine vorzügliche Reiterin – ihre Ländereien. Sie machte Stepperg zu einem Mustergut.

Der Erfolg blieb nicht aus. Der Ertrag der Güter stieg. Die Rechnungsbücher, die sie offenbar mit Kunst und Liebe selbst führte, wiesen es aus. Schon bald konnte sie darangehen, an neue Erwerbungen zu denken. Bereits 1804, ein Jahr nach dem Kauf von Stepperg, erstand sie die benachbarte Brauerei Rennertshofen mit den dazu gehörigen Liegenschaften. Den Geschäftsgeist, den sie dabei an den Tag legte, sollte sie später noch vielfach auf allen möglichen Gebieten unter Beweis stellen. Er passte natürlich überhaupt nicht in das Frauenbild der Zeit. Wirtschaftliche Tüchtigkeit, Erwerbssinn und Erfolgsstreben galten als männliche Eigenschaften, als maskuline Tugenden, die man einer Frau nicht zutraute. In der patriarchalisch strukturierten Gesellschaftsordnung des 18. und 19. Jahrhunderts war auf allen möglichen Gebieten für sie kein Platz. Maria

Leopoldine kümmerte das alles nicht. Sie setzte sich über gesellschaftliche Schranken und Konventionen kühn hinweg. Was ihre Standesgenossen über sie dachten, war ihr egal. Sie war eine völlig selbstständige, emanzipierte Frau.
Mit den finanziellen Überschüssen, die sie aus dem landwirtschaftlichen Betrieb in Stepperg erwirtschaftete, ließ die Kurfürstin Witwe das Schloss renovieren und erweitern, den Garten gestalten, ein Palmenhaus, ja sogar ein Theater errichten. Obwohl sie sparsam war und man ihr sogar Geiz vorwarf, wirtschaftete sie nicht nur in die eigene Tasche. Maria Leopoldine hatte eine ausgeprägte soziale Ader. Die Gutsherrin half notleidenden Familien, gewährte Renten, sorgte für die Armen, ließ auf eigene Kosten Waisenkinder erziehen und bezahlte deren Ausbildung. Ihre Wohltätigkeit war enorm. Die Leute dankten es ihr mit Verehrung und Zuneigung.
Stepperg lag seitab vom politischen Geschehen, fern von jedweder Weltpolitik. Trotzdem holten die Zeitereignisse die liberal und aufklärerisch gesinnte Enkelin Maria Theresias ein. 1805, als französische und kaiserliche Truppen in Bayern standen, blieb auch sie von saftigen Abgaben und Einquartierungen nicht verschont. Da half es auch nichts, dass man sie gegen Jahresende nach München rief, um dort Napoleons Gattin Joséphine zu begrüßen. Man kannte ihre Vorliebe für Frankreich und die französische Kultur. Ob sie auch dem Kaiser der Franzosen bei dieser Gelegenheit ihre Aufwartung machte? Jedenfalls hatte sie ihm im Jahr zuvor ihre Reverenz erwiesen, als sie inkognito nach Mainz reiste, um dem kleinen Korsen zu huldigen. Für historische Größe hatte sie viel übrig. Maria Leopoldines Frankophilie wurde durch den Sturz Napoleons nicht getrübt. Sie nahm lebhaften Anteil am Schicksal des Herzogs von Reichstadt, der am Wiener Hof aufwuchs, und vertrat am Münchener Hof mit großem Engagement und Nachdruck die Interessen Frankreichs.

Sosehr Maria Leopoldine zunächst die ländliche Abgeschiedenheit schätzte, auf Dauer fiel sie ihr doch auf die Nerven. Vor allem die Einsamkeit empfand sie als bedrückend. Die Kurfürstin Witwe war eine facettenreiche, widersprüchliche Persönlichkeit. Obwohl ihr persönliche Unabhängigkeit und Selbstständigkeit über alles gingen und sie im Grunde ihres Wesens eine extreme Individualistin war, die sich für eine dauernde Bindung nicht eignete, sehnte sie sich doch nach einem Lebenspartner. Nach den traumatischen Erlebnissen, die sie in ihrer Ehe gemacht hatte, nimmt es wunder, dass sie schon bald nach dem Erwerb von Stepperg daran dachte, sich wieder zu verheiraten. Welche Beweggründe veranlassten sie dazu? Suchte sie emotionalen Halt? War es der Wunsch nach Kindern, wie ihre Biografin annimmt? Vielleicht, wer weiß es?

Maria Leopoldine war jedenfalls auf der Suche nach einem geeigneten Partner, von dem sie festumrissene Vorstellungen hatte. Geld brauchte er nicht zu haben. Es kam ihr auf persönliches Profil an, auf menschliche Grundwerte. Eine politische Ehe schloss sie von vornherein aus. Unter diesen Aspekten erwog sie eine Reihe von Heiratsmöglichkeiten, die dann aus den verschiedensten Gründen nicht realisierbar waren. Schließlich fiel ihre Wahl auf den Grafen Ludwig von Arco.

Es klingt unglaublich, aber es entspricht den Tatsachen: Maria Leopoldine, die Enkelin Maria Theresias und verwitwete Kurfürstin von Bayern, machte dem um drei Jahre älteren, in bayerischen Diensten stehenden, unebenbürtigen Grafen einen Heiratsantrag. Das verstieß natürlich gegen jede Konvention. Die Gutsherrin von Stepperg zerbrach sich darüber nicht weiter den Kopf. Sie tat, was sie für richtig hielt, und nicht, was ihr Sitte und Anstand vorschrieben.

Maria Leopoldine und Graf Ludwig Arco müssen einander seit einiger Zeit gekannt haben. Sonst wäre ja dieser ernsthafte Schritt nicht denkbar gewesen. Die exzentrische Habsburgerin tat ihn nicht ohne Vorwarnung. »Du musst halt Geduld haben und mich gleich warnen, sobald Du merkst, dass ich in Hitze gerate ...«, schrieb sie in einem der vielen Briefe an ihn und in denen sie ihm illusionslos ihre Persönlichkeit präsentierte. »Wenn ich ruhig bin«, setzte sie fort, »dann nehme ich mit innigem Dank jeden Rat, jede gute Kehre an und Du kannst gewiss sein, dass ich Dir alles zum Gefallen tun werde, aber wenn ich mich ereifere, dann musst Du mich gehen lassen und nicht viel widersprechen, sonst machst Du das Übel ärger; aber wenn Du mir mit Güte in solchen Augenblicken begegnest, dann rührt es mich an und oft muss ich gleich greinen und aller Zorn ist vorüber. Siehe, ich sage Dir gern meine Fehler, damit ich Dich nicht täusche.«

Sie stellte natürlich auch ihre Vorzüge nicht unter den Scheffel: ihre Aufrichtigkeit, ihre Arbeitsfreude, ihre Geschäftstüchtigkeit, ihr soziales Engagement. Sie versuchte dem eingefleischten Stadtmenschen die Annehmlichkeiten des Landlebens schmackhaft zu machen und versprach ihr Vermögen mit ihm zu teilen.

Wer war dieser Ludwig Graf Arco, dem Maria Leopoldine ihr Herz schenkte, dem sie zärtliche Liebesbriefe schrieb? Der am 30. Januar 1773 in München geborene, einer norditalienischen Adelsfamilie entstammende Kavalier war ein in der bayerischen Hofgesellschaft hochangesehener Mann. Bestens erzogen, vielseitig gebildet, gesellig, ein Freund gehobener Lektüre, ein Liebhaber der klassischen Musik und der schönen Künste, ein Ästhet vom Scheitel bis zur Sohle, legte der Graf Wert auf gute Manieren und ein gepflegtes Äußeres. Alle diese Eigenschaften unterschieden ihn von der Kurfürstin Witwe, die einen seichten Kunstgeschmack hatte und wenig auf Eleganz und feine Lebensart hielt. Maria Leopoldine war alles andere als eine Grande Dame.

Der Graf akzeptierte den Heiratsantrag. Er kannte die extravagante Frau, ihren Leumund, ihre Launenhaftigkeit, ihre Zornausbrüche. Trotzdem glaubte er mit ihr gedeihlich zusammenleben zu können. Er sollte sich täuschen. Freilich, bevor es eine Heirat gab, war noch eine Reihe von Hindernissen zu überwinden. Als Mitglied des österreichischen Kaiserhauses benötigte die Erzherzogin für eine neuerliche Ehe die Zustimmung des Kaisers. Aber auch der Landesfürst von Bayern musste die Einwilligung dazu geben und die Eltern wollten ebenfalls gefragt werden. Maria Leopoldine musste verhandeln, Erklärungen abgeben, Zugeständnisse machen, auf Rechte verzichten. Ihre Geduld wurde auf eine harte Probe gestellt. »Es ist doch ein Elend auf der Welt«, jammerte sie in einem Brief an den

Auserwählten, »dass man mit so vielen Hindernissen zu kämpfen hat, ehe man dazu kommt, glücklich zu werden; indessen schreckt mich nichts ab, Du musst mein Mann werden und geht es wie es will.«
Schließlich und endlich war das Ziel erreicht. Am 4. November 1804 versprachen Maria Leopoldine und Graf Ludwig Arco einander die eheliche Treue. Die Trauung nahm ein Münchner Stiftspfarrer vor, als Trauzeugen fungierten die Eltern des Bräutigams. Weder ein Mitglied des Kaiserhauses noch der bayerischen Krone war bei dem Festakt zugegen und auch die Brauteltern glänzten durch Abwesenheit. Für das jungvermählte Paar war das zweifellos eine riesige Enttäuschung, auch wenn Maria Leopoldine und Ludwig sich nichts anmerken ließen. Dass ihre Verehelichung in der Öffentlichkeit starke Beachtung fand, die Gesandten ihren Höfen darüber ausführlich berichteten, war gewiss ein schwacher Trost.

Die Ehepartner passten mehr schlecht als recht zusammen. Das stellte sich bald heraus. Hochzeitsreise gab es keine, auch keine Flitterwochen. Die eheliche Harmonie währte nicht lange.
In Stepperg, wohin der Gemahl seinen Wohnsitz verlegt hatte, regierte bald wieder der Alltag. Es lief binnen kurzem alles wieder wie gewohnt ab. Maria Leopoldine traf Anordnungen, schaltete und waltete nach Belieben, verlangte von ihrem Gatten, bei der praktischen Arbeit mit Hand anzulegen. Das behagte ihm allerdings nicht. Er war schließlich kein Knecht, sondern der Ehemann einer Gutsherrin. Der Graf war frustriert. So hatte er sich das Landleben nicht vorgestellt. Die Jagd ja, die machte ihm Spaß. Aber auf den Feldern nach dem Rechten zu sehen, dem Getreide beim Wachsen zuzuschauen, die Milchproduktion zu überwachen, die Gewichtszunahme des Viehs zu registrieren, all das konnte ihm gestohlen werden.
Schon bald kam es zwischen den Eheleuten zu Zerwürfnissen, die zu einem heftigen Streit führten, als Ludwig der Gattin vorwarf, ihn mit dem Dorfpfarrer zu betrügen. Maria Leopoldine stand mit Aloys Mayerhofer, dem Seelsorger der Pfarre Stepperg, seit langem

auf gutem Fuß, arbeitete auf karitativem Gebiet mit ihm zusammen. Mayerhofer beriet sie bei Entscheidungen, die das Gut betrafen, übte einen großen Einfluss auf sie aus. Der Gatte vermutete, dass sich hinter dieser Zusammenarbeit mehr verbarg als nur freundschaftliche Gesinnung.

Maria Leopoldine war außer sich, als Ludwig sie des Ehebruches bezichtigte. Sie schäumte vor Wut und wies ihrem eifersüchtigen Partner kurzerhand die Tür.

Ludwig nahm sein Leben in München wieder auf. Die Kurfürstin Witwe schrieb sich nach dem Eklat ihren Zorn auch in Briefen an den Gatten von der Seele und versuchte sogar den Kurfürsten für ihre Rachegelüste einzuspannen. Sie schlug ihm einen Katalog von Maßnahmen vor, die er gegen den Ehemann ergreifen sollte. Max Joseph war verärgert und wies das Ansinnen Maria Leopoldines als völlig unzumutbar zurück.

Der Ehekrach von Stepperg blieb natürlich kein Geheimnis. Am Münchener Hof zerrissen sich die Klatschbasen ihre Mäuler, die Fama feierte Triumphe. Der österreichische Gesandte kostete die pikante Situation in seinen Berichten nach Wien weidlich aus und rieb sich die Hände.

Das arg gestörte Einvernehmen zwischen den Ehepartnern kam erst nach Monaten wieder einigermaßen ins Lot. Man begegnete einander wieder, allerdings nur gelegentlich. Jeder ging von nun an seine eigenen Wege. Die Kurfürstin Witwe widmete sich bis zum Jahre 1814, als sie wieder München zu ihrem Wohnsitz machte, ganz und gar ihrem Gutsbesitz. Der Graf, der Stepperg mied und dort bestenfalls gelegentlich eines Jagdbesuches für kurze Zeit logierte, ging in der Landeshauptstadt seinen Geschäften, Verpflichtungen und Vergnügungen nach. Er war ein enger Vertrauter seines Schwagers Maximilian Graf Montgelas, der als Außenminister des Kurfürsten am Münchener Hof eine überragende Rolle spielte.

Es war eine höchst sonderbare Ehe. Die beiden Partner lebten in der Herzog-Maxburg in getrennten Räumlichkeiten, kamen miteinander gesellschaftlichen Verpflichtungen nach, unternahmen gemeinsam Reisen und sahen einander wieder monatelang nicht. Man verkehrte dann brieflich miteinander. Das ging jahrzehntelang so. Maria Leopoldine nahm es nicht tragisch, der Gemahl litt nicht allzu sehr darunter. Es war eine Ehe auf Abruf, auf Raten, die offenbar nur der gesellschaftlichen Konvention wegen aufrechterhalten wurde. »Man kann sehr gut als Freunde in der Welt leben«, meinte Maria Leopoldine dazu. Der unkonventionellen Verbindung zweier widersprüchlicher Persönlichkeiten entstammten drei Kinder, zwei Söhne und eine Tochter. Der ältere Sohn kam am 6. Dezember 1808 zur Welt und wurde auf den Namen Aloys Nicolaus getauft. Drei Jahre später, am 13. Dezember 1811, gebar Maria Leopoldine einen Maximilian Bernhard. Die Tochter Caroline, die sie am 26. Dezember 1814 entband, starb wenige Wochen nach der Geburt. Drei Dezemberkinder! Der März war offenbar ein harmonischer Monat in der ansonsten frostigen Ehe. Die beiden Söhne, die ihre frühe Kindheit in Stepperg verbrachten, wurden von der Mutter liebevoll umsorgt. Maria Leopoldine war eine richtiggehende Gluckhenne, die ihre Sprösslinge verwöhnte. Sie verfolgte mit großer Aufmerksamkeit deren körperliche und geistige Entwicklung, sorgte sich ängstlich, geradezu hysterisch um die Gesundheit der Söhne und pflegte sie persönlich, wenn sie krank waren. Sie saß dann tage- und nächtelang am Bett des Erkrankten und brachte mit ihrer übergroßen Fürsorglichkeit die Ärzte zur Verzweiflung.

Für ihre beiden Söhne tat sie alles, scheute sie keine Mühen und Opfer. Der Persönlichkeitsentwicklung und Charakterbildung der Kinder war die mütterliche Verzärtelungspädagogik jedoch nicht gerade förderlich. Die dominante Mutter behinderte, ohne dass es ihr bewusst war, die freie Entfaltung ihrer Anlagen und Fähigkeiten. Die Kurfürstin Witwe ließ ihren Kindern selbstverständlich eine gründliche und umfassende Ausbildung angedeihen, die von Hauslehrern vermittelt wurde. Im ländlichen Stepperg fehlten dafür, als die Knaben heranwuchsen, natürlich alle Voraussetzungen. Auch aus diesem Grund entschloss sich Maria Leopoldine dazu, das Landleben wieder mit dem Leben in der Stadt zu vertauschen und nach München zurückzukehren. Die Söhne erhielten nun Unterricht in allen jenen Fächern, die damals zum Bildungskanon eines jungen Adeligen gehörten (Religion, Musik, Tanz, Fremdsprachen usw.), erlernten gesellige Umgangsformen und gesellschaftlichen Schliff.

Der Vater hielt mit seinen Söhnen Kontakt, hatte jedoch auf ihren Werdegang, so scheint es, wenig Einfluss.

Wie haben sich Louis und Maximilian Arco entwickelt, was ist aus ihnen geworden? Louis, Maria Leopoldines Lieblingssohn, studierte kurze Zeit in Straßburg und erbte, volljährig geworden, 1829 die Herrschaft Stepperg, die die geschäftstüchtige Mutter allerdings weiterhin für ihn verwaltete. Ein Jahr später heiratete er in Wien die auffallend hübsche Tochter des Markgrafen Eduard Pallavicini, Irene. Die Haushaltsgründung fiel ihm nicht schwer. Die ansonsten nicht gerade spendable Mutter erwies sich als großzügig. Sie kaufte für ihn ein Haus in der Theatinerstraße und ließ es zu einem Palais umbauen. Dort und im Schloss Anif bei Salzburg, das Louis 1837 erwarb, lebte das Paar in einer keineswegs harmonischen Ehe. Der ältere Sohn Maria Leopoldines war ein hochmütiger, eitler Charmeur und Lebemann, der seine Frau nach allen Regeln der Kunst betrog und selbst vor der Verführung minderjähriger Mädchen nicht zurückschreckte. Die Ehe wurde schließlich geschieden und Louis heiratete ein zweites Mal. Zu diesem Zeitpunkt lebte die Mutter, deren ausgeprägter Geschäftssinn auch ihm eigen war, längst nicht mehr.

Der jüngere Sohn der Kurfürstin Witwe war weniger begabt und gebildet als sein Bruder, aber alles in allem doch wohl sympathischer. Maximilian Arco, dem von der Mutter ein jähzorniges, aufbrausendes Temperament vererbt worden war, hatte im Grunde genommen nur eine Passion, die sein Leben bestimmte: die Jagd. Maria Leopoldine förderte diese Leidenschaft nach Kräften, kaufte ihm, als er noch ein Kind war, Gewehre, und nahm nicht selten an seinen ausgedehnten Jagdausflügen teil.

Auch diesen Sohn stattete sie standesgemäß aus. Sie erstand für ihn ein Palais am Wittelsbacher Platz und erwarb eine Reihe von herrschaftlichen Gütern, für deren Bewirtschaftung sie Sorge trug. Nach ihrem Tod gingen sie rasch an andere Besitzer über, da sich der ver-

wöhnte Sohn um sein Vermögen wenig kümmerte und sich nicht die geringste Mühe machte, es zusammenzuhalten.
Im Unterschied zu seinem Bruder war Maximilian Arco ein Familienmensch. Er führte mit seiner Frau, einer geborenen Leopoldine von Waldburg-Zeil, eine überaus glückliche Ehe, der nicht weniger als 8 Töchter und 5 Söhne entsprossen.
Alles in allem hatten beide Söhne Maria Leopoldines für zielstrebige Arbeit nicht viel übrig. Sie verprassten und verjuxten, was die Mutter in harter Arbeit geschaffen hatte. Louis und Maximilian Arco waren leichtfertige Naturen, die ihrer Mutter keineswegs nacheiferten. Ihr Lebensstil war ganz auf Verschwendung und Genusssucht ausgerichtet. Zu dieser oberflächlichen Lebenseinstellung hat die verfehlte mütterliche Erziehung zweifellos ein Gutteil beigetragen.

Maria Leopoldine war 38 Jahre alt und noch immer eine hübsche, attraktive Frau, als sie ihre Zelte wieder in der Hauptstadt Bayerns aufschlug. Fortan war sie aus dem gesellschaftlichen und politischen Leben Münchens nicht mehr wegzudenken. Die Herzog-Maxburg, ihre Heimstätte, wurde binnen kurzem zu einem der Mittel- und Treffpunkte der Hautevolee.
Dabei war sie keineswegs eine kultivierte Salonlöwin. Der Kunstgeschmack der Kurfürstin Witwe ging über das Mittelmaß nicht hinaus. Sie favorisierte im Theater das Gesellschaftsstück und vergnügte sich im Konzert und in der Oper mit leicht fasslicher Musik. Schwere Kost mied sie auch am häuslichen Herd, wo sie einfache Speisen bevorzugte. Auch für Mode und modische Kleidung hatte Maria Leopoldine nichts übrig. Sie kleidete sich eher nachlässig und legte auf ihre äußere Erscheinung keinen Wert. Interessanterweise verlangte sie jedoch von ihrem Dienstpersonal kategorisch korrekte Kleidung und bewegte sich trotz ihrer Unbekümmertheit um Herkommen und Konvention fast ausschließlich in der ihr durch Geburt und Stellung vorgezeichneten Gesellschaftsschicht.
In ihrem Domizil, wo sich beinahe allabendlich nach dem Besuch einer Theatervorstellung oder eines Konzertes die Münchner gesellschaftliche Crème de la crème zum Kartenspiel, Billard oder zu ei-

ner Plauderei zusammenfand, erwies sie sich als blendende, unterhaltsame Gastgeberin. Maria Leopoldine unterhielt ihre Gäste mit liebenswürdigem, südländischem Charme und geistreicher, freimütiger Konversation.

Diese Abende waren nicht die einzigen erbaulichen Abwechslungen vom Alltag. Im Fasching nahm die Kurfürstin Witwe jedes Jahr an zahlreichen großen Festen teil und veranstaltete in ihren Räumlichkeiten Bälle, die sich eines großen Zuspruchs erfreuten. Sie selber vergnügte sich dabei ausgezeichnet, wiewohl sie im Nachhinein fand, dass alles Zeitverschwendung gewesen sei. »Der Carneval ist vom ganzen Jahr die Zeit, die ich am meisten fürchte«, schrieb sie einem befreundeten Kavalier, »denn sie tötet die Jugend wie das Alter in gleicher Weise ... täglich sind Bälle, man kommt nicht aus dem Anziehen, den Maskeraden, den Einladungen, Diners, Besuchen, Vorstellungen heraus, und es bleibt kein Augenblick für irgendetwas Vernünftiges ... und meine Geschäfte erleiden furchtbare Lücken.«

Dennoch bereiteten ihr diese harmlosen Vergnügungen Spaß, sonst wäre sie ihnen ferngeblieben oder hätte sie nicht selbst arrangiert. Im Übrigen erwies sie sich bei ihren hauseigenen Ballveranstaltungen, zu denen auch der Hof eingeladen war, durchaus nicht als knauserig. Im Gegenteil. Sie gab sich die größte Mühe, ihre Festlichkeiten glanzvoll auszustatten. Die Ausgaben dafür hielt sie, wie sie es von ihren Geschäften gewohnt war, penibel fest.

Zu den Amüsements der Adelsgesellschaft gehörten in dieser Zeit auch Jagden, zu denen sich zumeist Maria Leopoldines Ehegatte, ihre beiden Söhne, Graf Montgelas und andere Freunde zusammenfanden. Die Kurfürstin Witwe nahm zwar daran teil, konnte dem Jagdvergnügen jedoch nicht viel abgewinnen. Sie übernahm dabei die Aufgabe, die Gäste in den Jagdpausen mit Nahrung zu versorgen, wobei sie beim Transport der Lebensmittel und dem Servieren der Speisen kräftig mit Hand anlegte. Sie war sich für keine Arbeit zu schade.

Mehr Spaß als an den Jagdausflügen hatte sie an Spazierfahrten aufs Land und an Spaziergängen, die wegen ihrer schmerzhaften Hüfte jedoch nicht zu anstrengend sein durften. Die vom Hof veranstalteten winterlichen Schlittenfahrten betrachtete sie mit zunehmenden Jahren als eine immer lästigere Verpflichtung, der sie sich, so gut es ging, unter allen möglichen Vorwänden zu entziehen suchte.

Nicht nur in ihren jungen Jahren, auch im reifen Alter war Maria Leopoldine von einer unbändigen Lebenslust beseelt. Die Liebe spielte in ihrer unkonventionellen Lebensführung eine überragende Rolle. Maria Leopoldine war leicht entflammbar. Sie konnte sich Hals über Kopf verlieben. Das Gerede und Getuschel über ihre Liebschaften hinter ihrem Rücken bekümmerte sie überhaupt nicht. Sie bekannte sich offen und uneingeschränkt zu ihrer Lebensweise.

In den Jahrzehnten, die sie bis zu ihrem Tod in München verbrachte, unterhielt die Kurfürstin Witwe eine Reihe von Freund- und Liebschaften. Ihre entschiedene Vorliebe galt dabei den in der bayerischen Hauptstadt lebenden Franzosen und Diplomatenfamilien, die sie zu sich einlud oder denen sie, oft auch unangemeldet, Besuche abstattete. Zu ihrem Freundeskreis zählten etwa der bayerische Diplomat Anton Freiherr von Cetto und seine Gemahlin sowie der bayerische Gesandte in Wien, Franz Gabriel von Bray, mit dem sie ihren Hang zum Landleben teilte.

Gründete die Beziehung zu Letzterem auf gemeinsamen Neigungen und Seelenverwandtschaft, so ging ihre Bekanntschaft mit dem französischen Gesandten am bayerischen Königshof, Auguste Comte de la Garde, über die Freundschaft hinaus. Der Graf, Junggeselle und geistreicher Chronist des Wiener Kongresses, war ein charmanter Mann von Welt, ein Freund des unverbindlichen, oberflächlichen Flirts. Er scheint die politisch interessierte, gut informierte ehemalige Kurfürstin für seine diplomatischen Berichte an den französischen Hof ausgehorcht und ausgenutzt zu haben.

Eine höchst sonderbare, aber äußerst intensive, leidenschaftliche Beziehung, die durch einen umfassenden, jahrelangen Briefwechsel dokumentiert ist, unterhielt Maria Leopoldine mit dem Grafen Sigmund von Berchem. Im Jahre 1820, als die Affäre begann, war die Südländerin 44 Jahre alt, der Graf 29.

Die ehemalige Kurfürstin hatte den jungen Mann, in den sie sich offenbar auf den ersten Blick verliebte, im Hause seines Vaters, des Grafen Max von Berchem, kennen gelernt, dessen Herrschaft Piesing bei Burghausen in Niederbayern sie durch gezielte Maßnahmen vor dem Konkurs bewahrte. Der Sohn und Erbe des verschwenderischen Gutsbesitzers lief ihr mehr oder weniger über den Weg und fesselte sie durch seine Erscheinung unverzüglich. Sigmunds Naturell war dem ihren völlig entgegengesetzt. Er war gutmütig und sanft. Seine blauen Augen strahlten eine schwärmerische Romantik aus. Sowohl sein Aussehen als auch seine Charaktereigenschaften nahmen Maria Leopoldine gefangen. Sie gestand ihm ihre Neigung, die von ihm anfänglich auch erwidert wurde. Die immer noch attraktive Mittvierzigerin ließ ihren Gefühlen freien Lauf, benahm sich wie ein unreifer Teenager. »Sie sind eine ganze Welt für mich«, schrieb sie ihm, »ohne Sie fühle ich mich völlig verlassen und ist mir das Leben schmerzlich und ohne Reiz.« Und ein andermal klagte sie: »Nichts macht mir Freude, alles ist mir ziemlich gleich, mein Leben ist eintönig und interesselos, ich habe nur gute Augenblicke, wenn ich Briefe von Ihnen empfange.«
Die herrische, selbstbewusste, emanzipierte Frau enthüllte in ihren Briefen an den Freund und Liebhaber eine Seite ihrer Persönlichkeit, die sie vor der Öffentlichkeit mit Erfolg zu verbergen wusste. Sigmund Berchem gegenüber war sie selbstlos, geradezu selbstquälerisch, schicksalsergeben, ja von einer peinlich berührenden Unterwürfigkeit und Verblendung. Sie ließ sich von ihm Beleidigungen gefallen, nahm Demütigungen in Kauf und erniedrigte sich. Maria Leopoldine, verheiratet und Mutter zweier halbwüchsiger Knaben, Angehörige des bayerischen Königshauses, wenn auch mit fragwürdigem Ruf, hielt es nicht für unter ihrer Würde, die Kleidungsstücke des Grafen halbe Nächte lang mit eigener Hand zu flicken, seine Hemden und Krawatten zu nähen und Socken für ihn zu stricken. »Es ist wie ein Magnetismus, ich muss etwas berühren, das Ihnen gehört«, vertraute sie ihm an. Sie trug ein kleines Medaillon mit Haaren ihres Geliebten um den Hals und bewahrte in einer Geheimmappe sein Bildnis.

Wie ist diese aufopfernde Hingabe, diese blinde Ergebenheit zu erklären? Noch dazu, wo sich der scheue, introvertierte Graf mehr und mehr von ihr zurückzog, selten nach München kam und ihr zu verstehen gab, dass sie für ihn schlicht und einfach zu alt sei. Maria Leopoldine machte die Erfahrung, dass Wegen und Irrwegen des Herzens mit Vernunftgründen nicht beizukommen ist.
Natürlich war ihr klar, dass diese ungleiche Verbindung auf Dauer nicht bestehen konnte, dass eine gemeinsame Zukunft unmöglich sei. »Mein lieber Freund«, schrieb sie ihm, »ich mache mir keine Illusionen, Sie sind alles für mich und ich kann nichts für Sie sein.« Aber sie hielt mit allen Fasern ihres Herzens an ihm fest. Natürlich ließ sich das Liebesverhältnis nicht verheimlichen. Der Ehegatte wusste davon und tolerierte es offenbar, die Hofgesellschaft wusste es, sprach, lachte und spöttelte darüber, die Eltern und Geschwister wussten es und luden Sigmund Berchem zu sich ein. Sie glaubten zu erkennen, dass der Graf einen beruhigenden, mäßigenden Einfluss auf ihr ungebärdiges Familienmitglied ausübte. Und tatsächlich war er der einzige Mensch, auf den Maria Leopoldine hörte, von dem sie sich etwas sagen ließ.
Zehn volle Jahre dauerte die leidenschaftliche Beziehung zu dem jungen Mann, dem es zunehmend schwerer fiel, die Temperamentsausbrüche, die Launen, aber auch die aufdringliche Fürsorglichkeit Maria Leopoldines zu ertragen. Dann machte sie der Ernüchterung Platz, kühlte ab und mündete nach einer langen Unterredung in eine ruhige, diskrete (Brief-)Freundschaft.
Der Grund für das Ende der aussichtslosen Liaison war eine andere Frau. Maria Leopoldine hatte damit gerechnet, dass sie eines Tages einer Jüngeren würde Platz machen müssen. Als der Graf Ausschau nach einer Braut hielt, gab sie ihm sogar gute Ratschläge. »Sie brauchen eine junge, hübsche, lebhafte, geistvolle und sanfte, aber nicht zu geduldige Frau«, schrieb sie ihm, »endlich ein Wesen, das sich nach Ihnen richtet, aber keinen Fetzen, den man aufwickelt.« Sie meinte es wohl nicht ganz so ernst. Denn als es dann so weit war, als sie der Geliebte vor vollendete Tatsachen stellte, raste sie vor Eifersucht. Schlussendlich fügte sie sich. Es blieb ihr auch gar nichts an-

deres übrig. Sigmund Berchem wechselte am 15. Mai 1831 mit Askania von Krauss, die 19 Jaher jünger war als er, das Jawort. Maria Leopoldine trat aus seinem Leben. Sie stand im 55. Lebensjahr. Die Zeit ihrer heftigen Affären war vorüber.

Im Persönlichkeitsbild Maria Leopoldines war neben ihrer Leidenschaftlichkeit der Erwerbstrieb das am stärksten entwickelte Merkmal ihres Charakters. Die Kurfürstin Witwe galt als sparsam, ja sogar geizig und ungeheuer geschäftstüchtig. Sie hat im Laufe ihres Lebens ein riesiges Vermögen angehäuft, das sie zur reichsten Frau Bayerns machte.

Eine Frau, noch dazu eine Angehörige der höchsten Gesellschaftsschicht, die Unternehmungen besaß, Geldgeschäfte machte, sich in waghalsige Spekulationen einließ, die nicht davor zurückschreckte, ihre Partner gelegentlich auch einmal mit Raffinesse übers Ohr zu hauen, passte überhaupt nicht in das weibliche Verhaltensmuster der Zeit. Maria Leopoldine erregte damit nicht nur in der königlichen Familie Anstoß, sie setzte sich auch der Kritik breitester Bevölkerungsschichten aus. Beides ließ sie freilich kalt.

Maria Leopoldine hatte einen untrüglichen angeborenen Geschäftssinn. Diese natürliche Begabung allein machte selbstredend nicht ihr Finanzgenie aus. Sie war gepaart mit Fleiß, Arbeitseifer, Fachkenntnis, einem wachen Interesse für wirtschaftliche Vorgänge und einem gerüttelt Maß an Durchtriebenheit. In dieser Kombination liegt ihr Geschäftserfolg begründet, den sie offenbar zur Selbstbestätigung dringend benötigte.

Die ehemalige Kurfürstin interessierte sich zunächst vorwiegend für Immobilien. Sie erwarb Grundbesitz und Häuser, die sie wieder verkaufte, wenn es ihr einträglich schien, die sie zum Teil aber auch an ihre beiden Söhne weitergab. Für sich behielt sie ein Haus in der Münchner Vorstadt Schönefeld, außerhalb des Schwabinger Tores am Englischen Garten gelegen, das sie in der warmen Jahreszeit wegen seines schönen Gartens gerne aufsuchte.

Als sie sich von Stepperg, das sie zu einem landwirtschaftlichen Mustergut gemacht hatte, abzuwenden begann, widmete sie sich vor-

dringlich dem Kauf von Brauereien. So erwarb sie in den Jahren zwischen 1811 und 1815 die Brauereien Freising, Haag und Kaltenhausen um zum Teil beträchtliche Summen, die sich jedoch als rentable Investitionen erwiesen.
War es schon ungewöhnlich genug, dass eine Frau von ihrem gesellschaftlichen Rang Besitz dieser Art erwarb, so setzen die Kompetenz und der Unternehmungsgeist, mit denen Maria Leopoldine diese Brauereien verwaltete, vollends in Erstaunen. Sie selbst fand es keineswegs abwegig und schon gar nicht mühsam, einen solchen Betrieb gewinnträchtig zu managen. »Eine Brauerei ist doch ziemlich einfach zu führen«, meinte sie. »Die Hauptsache ist, einen guten und ehrlichen Braumeister und einen guten Keller zu haben.«
Maria Leopoldine schuf in Kaltenhausen, das ihr sehr am Herzen lag, einen Brauerei-Großbetrieb. Sie ließ dort einen durch Windröhren belüfteten neuen Bierkeller errichten und interessierte sich mit großer Sachkenntnis nicht nur für den Preis der Gerste, sondern ließ sich auch über technische Details wie der Konstruktion einer Dampfmaschine zum Brechen des Malzes informieren. Die Kurfürstin-Witwe erwarb sich im Laufe der Zeit so hervorragende Kenntnisse bei der Führung von Betrieben, dass sie für Familienmitglieder und Freunde sogar als Unternehmensberaterin fungierte.
Die gewiefte Geschäftsfrau, die sie nun einmal war, gab sich auf Dauer mit dem Immobilien- und Industrieanlagenbesitz jedoch nicht zufrieden. Langsam reifte in ihr der Wunsch, sich auch auf Spekulations- und Börsengeschäfte einzulassen. Sie knüpfte Kontakte zu Börsenmaklern, ließ sich von ihnen beraten, studierte die Aktienkurse und hielt nach gewinnversprechenden Anlagemöglichkeiten Ausschau. Auch bei ihren Börsegeschäften und finanziellen Transaktionen bewies Maria Leopoldine eine geschickte Hand, einen sicheren Instinkt und ein Gespür für den günstigen Augenblick. Sie nützte nicht nur die wirtschaftlichen Gegebenheiten, sondern auch die Gunst der politischen Situation. Maria Leopoldine stand mit den Bankhäusern Oppenheimer und Rothschild in Frankfurt am Main in Geschäftsbeziehungen, erwarb gängige Eisenbahnaktien und stieg in das Anleihegeschäft ein. Über die erzielten Gewinne

und Renditen führte sie exakt Buch, die Wirtschaftsseiten der in- und ausländischen Presse gehörten zu ihrer bevorzugten Lektüre. »Mit einem Vermögen in Geldanlagen muss man es wie im Leben machen, die Gegenwart genießen und die Zukunft abwarten« war ihre Devise. Durch gewinnbringende Ankäufe und geschickte Veranlagungen häufte Maria Leopoldine ein gewaltiges Vermögen an. Es belief sich nach eigenen Angaben Ende Dezember 1847 auf annähernd 3½ Millionen Gulden in bar. Ihren Grundbesitz hatte sie zu diesem Zeitpunkt bereits an ihre Söhne übergeben.

Die bayerische Königsfamilie rümpfte über die (Geld-)Geschäfte Maria Leopoldines selbstverständlich die Nase. Man ließ sie aber gewähren, tolerierte ihre Eigenheiten und Exzentritäten. Die Kurfürstin Witwe genoss im wittelsbachischen Herrscherhaus eine Sonderstellung. Immerhin hatte sie 1799 den Wittelsbachern vor dem Zugriff des Hauses Habsburg den Thron gerettet. Die Erinnerung daran wurde innerhalb der Familie von Generation zu Generation weitergegeben, die Dynastie fühlte sich ihr zu Dank verpflichtet. Noch lange Zeit später, anlässlich der Feier zum 50. Jahrestag ihrer Heirat mit Karl Theodor, prostete ihr König Ludwig I. mit dem Trinkspruch zu, es sei ihr zu verdanken, »dass Wittelsbacher noch in Bayern herrschen«.

Die geborene Habsburgerin war sich über ihre Position innerhalb der bayerischen Königsfamilie völlig im Klaren und verstand es, sie für ihre persönlichen Zwecke zu nutzen. Vor allem König Maximilian I. Joseph, der ihr unmittelbar den Thron verdankte, war Wachs in ihren Händen. Der gütige, biedere Monarch erfüllte beinahe jeden ihrer Wünsche, auch wenn er mit ihrem Lebenswandel keineswegs einverstanden war. Er lud sie, wenn sie in München weilte, zweimal pro Woche zur Mittagstafel in die Residenz oder nach Schloss Nymphenburg ein. Maria Leopoldine leistete der Einladung zumeist Folge, obwohl ihr die Steifheit und die Langeweile, die sich nicht selten dabei breit machten, aus tiefstem Herzen zuwider waren. Sie wahrte jedoch bei diesen und ähnlichen Anlässen die Würde der Dynastie und unterwarf sich den Regeln des höfischen Zeremoniells. Auch den Familienzusammenkünften in Tegernsee, wo der Hof die Sommermonate verbrachte, wohnte sie bei. An den wichtigsten Ereignissen innerhalb der Familie nahm sie überhaupt regen Anteil. Sie registrierte warmherzig jede glücklich verlaufene Geburt, war als Taufpatin hochbegehrt und zeigte bei Todesfällen aufrichtiges Mitgefühl.

Mit König Ludwig I., der 1825 nach dem Tod seines Vaters die Herrschaft in Bayern antrat, kam sie weit weniger gut zurecht als mit seinem Vorgänger. Der junge König hatte gegen seine Großtante persönliche Vorbehalte und unterschied sich von ihr prinzipiell in seiner politischen Grundeinstellung. Ludwig betonte bei jeder Gelegenheit sein Deutschtum, während Maria Leopoldine eine Vorliebe für Frankreich hegte und im Gegensatz zum König kosmopolitische Ideen nicht ablehnte. Ungeachtet dieser gegensätzlichen Positionen unterhielt sich Ludwig nicht ungern über politische, wirtschaftliche und finanzielle Probleme mit ihr, da er ihren Rat und ihren Instinkt für politische Entwicklungen schätzte. Das Interesse des Königs für die Antike, seine Bauleidenschaft und seine ausgeprägte künstlerischen Neigungen stießen dagegen bei Maria Leopoldine auf völliges Unverständnis.

Die Schwächen Ludwigs I. für das weibliche Geschlecht und seine Liebesabenteuer beobachtete sie aus der Distanz mit unverhohlener Neugier und kommentierte sie mit schelmischem Vergnügen. Seine Liebesaffäre mit der berühmt-berüchtigten Tänzerin Lola Montez, die zu einer schweren Staatskrise führte, stieß ihrerseits jedoch auf entrüstete Ablehnung. Nach den zahlreichen Eskapaden, die sie sich selbst in ihrem Leben geleistet hatte, mutet ihr Verhalten höchst sonderbar an. Maria Leopoldine spielte sich in der heiklen Angelegenheit allerdings nicht als Sittenrichterin auf, was ihr auch nicht gut angestanden wäre. Sie bangte jedoch um das Ansehen des Königs und der Dynastie. Ihre Maßstäbe und Einstellungen hatten sich geändert.

Als die Tänzerin nach heftigen Auseinandersetzungen Ludwigs mit seinen Ministern und politischen Unruhen schließlich das Feld räumen und München verlassen musste, war die Kurfürstin Witwe

sichtlich erleichtert. Die Abdankung des Königs am 19. März 1848 scheint ihr keinen großen Schmerz bereitet zu haben.
Die Ereignisse des Revolutionsjahres fasste die politisch äußerst interessierte und hellhörige alte Dame als eine Zeitenwende auf, die sie keineswegs in Bausch und Bogen verurteilte. Neuerungen gegenüber war sie durchaus aufgeschlossen. Die Feudalherrschaft des Adels hielt sie für überholt, eine Reform der Monarchie schien ihr durchaus angebracht zu sein. Die zahlreichen Reisen, die sie quer durch Europa unternahm, bestärkten sie in dieser Ansicht. Mit dem ältesten Sohn Ludwigs I., der 1848 als Maximilian II. Joseph die Herrschaft im Königreich Bayern antrat, verband die schrullige Kurfürstin Witwe über Generationen hinweg ein inniges Verhältnis. Sie nahm den Thronfolger gegen den strengen Vater in Schutz, griff ihm, wenn er in Geldnöten war, finanziell unter die Arme, bestärkte ihn in seinen liberalen Neigungen und vertiefte sein soziales Gewissen.
Den Thronwechsel begrüßte sie freudig und setzte in den neuen Regenten große Erwartungen, die dieser dann auch rechtfertigte. Maria Leopoldine hat freilich nur die ersten Herrschaftsmonate Maximilians II. Joseph erlebt.
Die offenherzige, zwischen Vernunft und Gefühl hin- und hergerissene Kurfürstin Witwe, die im Leben das Glück suchte und in der Religion Trost, erfreute sich stets guter Gesundheit. Sie war selten krank, und wenn sie einmal das Bett hüten musste, versuchte sie, sich mit Hausmitteln auszukurieren. Von der Kunst der Ärzte hielt sie nicht viel. »Ich bin mein Doktor selbst«, bekam jeder zu hören, der ihre Gesundungsmethoden kritisierte oder ihr medizinische Ratschläge geben wollte. Lediglich ihr Hüftleiden, das sich im Alter verschlimmerte, und ihre Beine machten ihr mehr und mehr zu schaffen. Sie ließ sich trotz allem nicht unterkriegen, blieb körperlich aktiv, geistig rege und entfaltete bis an ihr Lebensende eine rastlose Aktivität.
So spektakulär wie ihr Leben war dann auch der Tod dieser starken, unabhängigen und modernen Frau.
Maria Leopoldine wünschte sich keinen raschen, plötzlichen Tod.

Sie wollte im Gegensatz zu den meisten Menschen langsam sterben, sich auf das Jenseits, an das sie glaubte, gewissenhaft vorbereiten. Das Schicksal hat ihr die Erfüllung dieses Wunsches verwehrt. Auf einer Fahrt nach Salzburg, wo sie einen Besuch abstatten wollte, prallte bei Wasserburg in einem steilen Hohlweg ein vollbeladenes, durch ein Gebrechen führerlos gewordenes Salzfuhrwerk gegen den Wagen, in dem sie saß, und kippte ihn um. Die Kurfürstin Witwe wurde unter der Kutsche begraben und konnte erst nach geraumer Zeit aus ihrer misslichen Lage befreit werden. Sie war noch am Leben, als man sie barg, aber ihr Atem ging schwer. Von zwei Personen gestützt, tat sie ein paar Schritte. Dann sackte sie tot zusammen.

Die letzte Kurfürstin von Bayern, die habsburgisch fühlte und wittelsbachisch dachte und handelte, starb am 23. Juni 1848. Sie stand im 73. Lebensjahr. Ihr Leichnam wurde ihrem Wunsch gemäß ohne jedes Gepränge und Zeremoniell zunächst in einer Gruft in der Pfarrkirche von Stepperg und ein paar Jahre später in der Familiengruft der Grafen Arco auf dem St.-Antonius-Berg beigesetzt.

Maria Leopoldine war ein wehrloses Opfer habsburgischer Familienpolitik. Aber sie war eine der wenigen Frauengestalten des Hauses Habsburg-Lothringen, die die dynastischen und gesellschaftlichen Fesseln gesprengt und unbekümmert um Tradition und Herkommen ihr Leben ganz nach eigenen Vorstellungen gestaltet hat. Sie war eine emanzipierte Frau, die ihren Geschlechtsgenossinnen richtunggebende Wege in die Zukunft gewiesen hat.

Anhang

Stammtafel

Maria Theresia ∞ Franz Stefan von Lothringen
1717–1780 1708–1765

Marie Antoinette
1755–1793
∞
Ludwig XVI. v. Frankreich
1754–1793

Ferdinand Karl
754–1806
∞
Maria Beatrix
1750–1829

Maria Leopoldine
1776–1848
∞
Karl Theodor
1724–1799

Leopold II. ∞ Maria Ludovica
1747–1792 1745–1792

Franz II./I. ∞ Maria Theresia
1768–1835 1772–1807

Marie Louise
1791–1847
∞
Napoleon I.
1769–1821

Leopoldine
1797–1826
∞
Dom Pedro
1798–1834

Literaturauswahl

MARGARETA von PARMA

Brandi, Karl: Kaiser Karl V. – Werden und Schicksal einer Persönlichkeit und eines Weltreiches. München [4]1942

Cleugh, James: Die Medici. Macht und Glanz einer europäischen Familie. Zürich–München 1997

Jongh, Jane de: Madame Margaretha von Oostenrijk. Amsterdam [3]1981

Lahnstein, Peter: Auf den Spuren von Karl V. München 1993

Lefevre, Renato: Madama Margarita d'Austria (1552–1586). Roma 1986

Parker, Geoffrey: Felipe II. Madrid 1984

Pierson, Peter: Philipp II. Vom Scheitern der Macht. Graz–Wien–Köln 1985

Puaux, Anne: Madama, Fille de Charles Quint. Régente des Pays-Bas. Paris 1987

Tamussino, Ursula: Die Kinder des Kaisers. Madama Margarita und Don Juan d'Austria. In: Kinder der Liebe. Berühmte Bastarde, S. 84–166. Wien 1994

MARIE ANTOINETTE

Christoph, Paul (Hg.): Maria Theresia. Geheimer Briefwechsel mit Marie Antoinette. Wien–München 1980

Haslip, Joan: Marie Antoinette. Ein tragisches Leben in stürmischer Zeit. München 1989

Lever, Evelyne: Marie Antoinette. Zürich 1992

Schreiber, Hermann: Marie Antoinette. Die unglückliche Königin. München 1988

Vallotton, Henry: Maria Theresia. Die Frau, die ein Weltreich regierte. Wien 1990

Zweig, Stefan: Marie Antoinette. Bildnis eines mittleren Charakters. Frankfurt 1980

MARIE LOUISE

Herre, Franz: Metternich. Staatsmann des Friedens. Köln 1983

Herre, Franz: Napoleon Bonaparte. Wegbereiter des Jahrhunderts. München 1988

Holler, Gerd: Napoleons Sohn. Wien–München 1987

Schiel, Irmgard: Marie Louise. Eine Habsburgerin für Napoleon. Stuttgart 1983

LEOPOLDINE

Corti, Egon Cäsar Conte: Metternich und die Frauen. 2 Bde., Zürich–Wien 1948

Kaiser, Gloria: Dona Leopoldina. Die Habsburgerin auf Brasiliens Thron. Roman. Graz–Wien–Köln 1994

Oberacker, Carlos H.: Habsburgs Kaiserin in Brasilien. Wien–München 1988

Obry, Olga: Grüner Purpur. Brasiliens erste Kaiserin, Erzherzogin Leopoldine. Wien–Innsbruck–Wiesbaden 1958

Prantner, Johanna: Kaiserin Leopoldine von Brasilien. Wien 1974

MARIA LEOPOLDINE

Adalbert, Prinz von Bayern: Max I. Joseph v. Bayern, Pfalzgraf, Kurfürst und König. München 1957

Krauss-Meyl, Sylvia: Das »Enfant Terrible« des Königshauses. Maria Leopoldine, Bayerns letzte Kurfürstin. Regensburg 1997

Rall, Hans: Kurfürst Karl Theodor. Regierender Herr in sieben Ländern. Forschungen zur Geschichte Mannheims und der Pfalz, Bd. 8. Leipzig–Wien–Zürich 1993

Sparrow, W. J.: Knight of the white eagle. A biography of Sir B. Th. Count Rumford (1753–1814). London 1964
Wintersteiner, Marianne: Prinzessin Courage. Die Enkelin Maria Theresias. Heilbronn 1986

Bildnachweis

Bayerische Verwaltung der staatlichen Schlösser, Gärten und Seen, München: 151
Bildarchiv der Österreichischen Nationalbibliothek: 83, 115
Kunsthistorisches Museum Wien: 11, 47

Personenregister

Halbfette Seitenangaben verweisen auf die geschlossenen biografischen Beiträge. Namen im Vorwort und auf den Bildseiten sind nicht berücksichtigt.